ちくま文庫

齋藤孝の速読塾

これで頭がグングンよくなる!

齋藤孝

齋藤孝の速読塾　これで頭がグングンよくなる！――目次

第4講 速読上級者用プログラム――139

「速読塾」入門のみなさんへ

本を「速く読みたい」「たくさん読みたい」というのは、ほとんどの人間に共通する憧れではないでしょうか。

私は今、小学生や社会人を相手にさまざまな塾を主催しています。そして、もし自分が学生の頃、こんな塾があったら、絶対通ってみたかったと思うものがあります。それが「速読塾」です。

学生時代はもちろん、学者になってからも、私はつねに膨大な本を読むことに迫られていました。いったい、どうやったら、人より1冊でも多くの本を、より速く読むことができるのか。それが私の課題でした。

その方法を教えてくれる塾があったら、私は何をさしおいても通ったに違いありません。

しかし、残念ながら「速読・多読」の技を教えてくれる塾も先生も見当たりませんでした。結局、私は試行錯誤でその方法を編み出したのですが、ここに記したのは、そうやって私が悪戦苦闘の末あみ出した、「速読・多読」の方法です。

今まであちこちでバラバラに書いてきたのですが、このような形で1冊にまとめる機会はありませんでした。

それを一挙に公開し、塾のように人にお教えしようと思います。私が編み出した方法は別に企業秘密でも何でもないので、多くの方々に「速読・多読」の方法論を学んでいただき、有意義に利用していただきたいと思います。

ところでなぜ「速読・多読」が必要なのでしょうか。ここで根本的な問いに立ち返って考えてみたいと思います。私の場合は、本について何かを書いたり、話したりする必要があって、「速読・多読」をせざるを得ませんでした。

でも一般の人の場合は、本を読まずにすまそうと思えば、それでも許されます。本でメシを食っているわけではないのだから、生活するのに困らないと言えば言えます。

しかし「速読・多読」の能力がまったく必要ないかと言われると、そういうわけではありません。たとえば「速読」について考えてみると、身近な例でも、会議でいきなり書類が配られて、それを把握して発言しなければならない状況はあるでしょう。

そのとき、**ただ漫然と書類を目の前に置いている人と、キーワードに赤のボールペンでどんどん印をつけていって、いちおう最後のページまで目を通している人とでは、議論への参加の度合いが違ってきます。**

「本」ととらえると、範囲が狭くなってしまいますが、資料に素早く目を通して、内容を理解する能力も「速読」の能力のひとつです。そう考えると、「速読」は仕事や生活のあらゆる場面で必要と言えるのではないでしょうか。

この本では「速読」の対象が「本」になっていますが、文章を速く処理する能力という意味でいえば、本好きかどうかに関係なく、雑誌や新聞、書類などの「速読」を広く一般的な能力として考えてもいいでしょう。

また、「多読」に関していえば、**バランスのとれた価値判断能力を養う上で、多くの本を読むことが欠かせないと私は思っています。**

本がたくさん読めない、あるいは読解力や理解力が足りない人の一般的な傾向として、趣味が狭く、自分の好きなものだけに固執し、物事を決めつける性質があります。

左翼や右翼と言われる人たちの中にも凝り固まった人がいますが、そういう人たちの悪癖とは、あるものを絶対だと信じることによって、その他のものすべてにバイアスをかけてしまうことです。

凝り固まった右翼の人から見れば私は左翼に見え、反対側の人から見れば、右翼に見えるでしょう。こんなふうに、凝り固まっている人はどちらかに決めつけてしまいたくなる傾向があります。そういう狭さから抜け出すために、「多読」が必要なのです。

考えてもみてください。もともと日本人はひとつの価値観だけで一生を生きていくような国民性ではありません。聖書のように絶対的な価値観があるわけではないので、欧米のものでも、中国のものでも、何でも翻訳してすべて吸収してしまいます。それによってバランスをとっていたのが日本人だったのです。

その柔軟さは日本人の財産ですが、「多読」をしないと、せっかくの美点が失われてしまいます。好きな作家のものしか読まないとか、歴史ものなら読めるが、科学ものはアウトだと言っていると、狭い価値観しか持つことができなくなります。

「多読」はそうした価値観の〝偏食〟を直してくれるのです。

この本には、「速読・多読」の目的と方法について細かく記してあります。この本を、「速読・多読」の方法論を学ぶ塾として活用していただければ幸いです。

塾のスタイルを意識して、語りかけの文体で書いてみました。5回分の塾の授業に参加した気分で読んでみて下さい。

第1講

何をどこまでめざせばいいのか

——速読・多読の目標

1　速読・多読できる技術を磨くと理解力が速くなる

「速読・多読」の最もすばらしい効用とは

若い頃の私にとって、「速読・多読」できるかどうかは死活問題でした。そのため、実にさまざまな方法に挑戦してみたものです。

今だから話せますが、一時期、せっせと目のトレーニングに励んだこともあります。あるページの右端から左端まで斜めに移動させたら、今度は横に移動させ、次は縦といった具合に、目を素早く動かしていくわけです。目が速く動けば、それだけ速く読めると考えたのです。ちなみにこの方法は間違いではありません。

私がどこにいても目をキョロキョロ動かして、訓練をしていたものですから、「頭がおかしいみたいだ」とよく友人から笑われたものです。

しかしこのトレーニングによって、私は大きな発見をしました。速読できる技術を磨くと、理解力が速まるということです。ちょうど立ち上がりの速いコンピューターのように、サクサクと物事が理解できる。そして速く理解できれば、当たり前ですが、それだけたくさんの本を読めるようになります。

つまり速読できる人はたくさん読めるし、多読の人はたいてい、何らかの速読の技術を持っているということ。そして**速読・多読ができる人は例外なく、理解力が高まる**という定理を発見したのです。

それはおそらく、本というものを読み続けていると、今までの知識が土台になって、その上に新しい知識が積み上がり、さらに土台が広がって、理解力のキャパシティが広がっていくからでしょう。

二割だけ読んでも内容を理解できる方法

ちなみに私は、本を読んでいて、時に3～4ページくらい、平気で飛ばしてしまうことができるようになりました。あるいはマグロをさばくような感じで、全体をざっくりさばいて、トロならトロだけを食べて終わり、という読み方もできます。

トロが全体の一～二割だとすると、残りの八割は手つかずでもかまわないのです。

次のマグロにとりかかります。マグロでたとえると、何とも贅沢な感じがしますが、本はマグロよりずっと安いので、安心してください。

本は必ずしも最後まで読まなければならない、というものではありません。二割でもちゃんと内容を理解できる方法があるのです。

この「二割読書法」については、あとで詳しく説明しますが、とにかく二割しか読**んでいなくても、その本の大事なところを「理解」できれば、次々と新しいマグロを味わうことができます。**知識が広がるのです。

繰り返すようですが、「速読・多読」の能力は理解力と表裏一体のものです。速く読めば、たくさんの本を読める。たくさんの本を読めば、知識が広がる。それと同時に物事を理解する速度も加速度的にアップしてきます。

「速読・多読」によって得られる理解力は想像以上です。ちょうど$y = x^2$のグラフを考えてみてください。最初のうちはxに1を入れても、1.1を入れても大して差がありませんが、xに１００を入れると、それが１００００になるような世界が広がります。

おそるべし、「速読・多読」の力！　したがって「速読・多読」のメリットは理解力が速くなるということであり、私たちの最終目標も、速度が速く、高度な理解力を得る、という点に落ちつくでしょう。

私たちの頭脳を、立ち上がりが速く、メモリー数の多いコンピューターにバージョンアップさせる、ということです。

2 本を読んだときの理解力は3段階に分かれる

「頭の良さ」につながるレベルをめざそう

ここで、本を読んだときの「理解力」のレベルについて考えてみましょう。

レベルの高い順に、ABCと3段階に分けてみます。まず、もっとも低いCレベルは本を読んでもすぐ忘れてしまうランクのことです。知識として〝使えない〟というレベルです。

速読・多読ができても、内容を忘れてしまっては意味がありません。もちろん、まったく読まない人より多少は知識を得ているのかもしれませんが、いくら読んでも蓄積がないというか、はっきり言えば、一番大切な「頭の良さ」につながっていない人がいます。これがCレベルです。

Bレベルになると、いちおう本の内容把握はできるというランク。つまり「要約力」はあるというレベルです。10ページのものであれば、それを1ページで要約できる。もしくは1冊の本であれば、3分で要約できる。そうなると聞いている人も、ひじょうに経済効率がいいので、役に立つ技術です。

要約力は、一般的に言われる意味での「頭の良さ」と比例しています。**要約することができれば、物事の一番大事な骨組みをつかんで、それをはずさずに再生できるわけですから、普通の仕事はできる**という「頭の保証」になります。

入学試験や就職の面接で、この要約力を試してみるといいと思います。どれくらい要約力があるかで、頭の良さや仕事の出来具合が判別できるでしょう。

要約力は本を読みっぱなしにしないで、読書ノートをつけるとか、人に話すといった訓練で高めることができます。

そしてトレーニングによって要約力を磨いていくと、道が二手に分かれます。ひとつはどこまでいっても要約のレベルから抜け出せないもの。書評でもよくありますが、要約して終わり。最後に「〜という点が筆者には興味深かった」「欲を言えば、何々が欲しかった」というおざなりな一文をつけた書評です。

私に言わせると、それはコンセプトがない書評です。いちおうの要約があって、それに対する総合的な価値として「面白かった」「何々が足りない」というようなコメントをつけるだけなら、素人でもできます。つまらない書評の典型といえます。

このように要約だけで終わってしまう理解力、それがBレベルです。

しかしBレベルを突破して、Aレベルの理解力につながっていくもうひとつの道があります。Bレベルの壁を突破する具体的な方法については後述しますが、その前に、もっとも高度なAレベルの理解力とは何かについて説明しましょう。

目標は自分のオリジナルなものが出せること

Aレベルの理解力とは、新たな価値を付与して、オリジナルのアイデアや提案、見方が出せる力です。これは前に私が出した著書『コメント力』(筑摩書房)に近づく力と言ってもいいでしょう。

「コメント力」は要約力の上に成り立っています。要約なくコメントをつけようとしてつけられないこともありませんが、その場合は的外れになるケースが多いでしょう。的外れであっても、長嶋茂雄さんのように当人がカリスマ的な人気者や権限を持つ社長であれば、許されるかもしれません。

でもカリスマでない人が優れたコメントをめざすとしたら、まず要約する能力があって、その上で、そこに自分なりの角度をつけた意見を繰り出すのが王道です。

これはAレベルの理解力ときわめて似ています。まず本を要約できる状態に持っていき、その上でコンセプト（視点）を持ってその本を切り、何かしらの価値付与をした上で、自分のオリジナルのものとして提示するようにするのがAレベルの理解力です。

私が「速読・多読」を通して、自分自身に要求している理解力もまさにそれです。たんに速く読んだり、たくさん読むことが目的ではありません。

論文を出すときも、人に話をするときも、本を書くときも、自分なりの新たな価値観や切り口を必ず付け加える、という私のこのスタンスは変わりません。

ゲーテについて話すとき、「ゲーテがこんなふうに言っています」という引用と要約でも、聞く人はかなり満足しますが、それだけだと付加価値が少ないのです。

たとえば、「ゲーテの洞察を現代に生かせば、〜というコンセプトになる」という**ように新たな価値を提示してこそ、初めてAレベルの理解力がある、と言えます。**

この塾で最終的にめざしているのも、このAレベルの理解力の習得です。

「速読・多読」の目標をどこに置くのかによって、トレーニングの効果は変わってきます。

たんに「本を速く読めるようになりました」「たくさん読めるようになりました」で終わるのか、それとも理解力のある、Aレベルの本当の頭の良さを手にいれるのか。

そのゴール設定が重要です。

3 「速解力」があれば、相手に対して優位に立てる

愛より先に「理解する力」を

私が、なぜAレベルの理解力にこれほどこだわるのかというと、日常のあらゆる場面でそれが必要とされるからです。

考えてもみてください。闘争や戦争、憎しみは、みな「理解が足りない」あるいは「理解することを拒否している」ところに生まれてきます。私たちはふだんお互いに対してどれくらいわかりあっているかという点を、愛情の問題とすりかえてしまいます。しかし私に言わせれば、関係を長期的に安定させていくためには愛よりも「理解する力」が必要なのです。

日常生活で「理解力」がどのように必要とされるか、例をあげてみましょう。ビジネスの場では、さまざまな人と仕事をしなければなりません。当然、要約力のない人、

説明能力が低い人、整理能力が低い人と組むこともあります。

そんなとき相手がもたもた説明していても、「一を聞いて十を知る」理解力を身につけていれば、時間を短縮できます。相手が話すより先に理解してしまい、相手の話がまどろこしい場合に、「じゃあ、こういうことですね」とわかりやすく要約してあげると、相手は「そうです。そういうことです。それがわかっているなら、その先へ行きましょう」と階段を2～3段飛ばして、話を進めることができます。

よく会議などで、説明や報告に延々と30～40分もかけ、1時間の会議のうち半分以上を使ってしまうケースがあります。しかし出席者に、誰か1人でも「理解力」があれば、それが短縮できるというわけです。

またお互いに理解しあっていれば、共通理解している部分を地盤のようにちゃんと踏み固めた上で、安心して話ができます。**その共通地盤の上に新たな杭を打ち込んだり、複眼的な視点を組み立て、建設的な議論をすることができるのです。**

でも理解力がないと、何を共通の基盤にしているのかがわからなくなり、話が混乱してしまいます。理解力はコミュニケーションの最低限の基本といえます。

さらに上の「速解力」をめざそう

そして大切なのは、その「理解力」が速くなければいけないということです。私がめざすAレベルの理解力とは、内容を咀嚼《そしやく》し、要約し、意見を言えるだけでなく、その場で即、それができる能力、つまり「速解力」（速く理解できる力）のことです。

明日、正解を持ってこられても意味がありません。「家に帰って書類を見て、よく検討させてもらってからお返事します」と言う人がいますが、それでは**生き生きした斬新な価値（アイデア）を生み出すことができません。その場で、即、理解することが大切なのです。**

余談になりますが、前もって資料や整理した書類を送ってもらわないと、判断できないと言う人がいます。これも、あらかじめ書類を事前に作る作業が相手にとって面倒くさい上に、そうやってせっかく準備して送ってもらっても、結局、直前にならないと読んでいなかったりするので、無駄が多いと言えます。

私のところには事前によく資料が送られてきますが、私はほとんど手つかずのまま持っていることが多いのです。やはり直前にならないと目を通す気にならないからです。

そして面談や会議の10分、15分前に資料に目を通します。さすがに直前だから、気持ちもそちらに行っているので、集中します。50～70ページのものであれば、15分で読み終えてしまいます。

すると直前に目を通してあるので、ひじょうにホットな状態で情報が頭の中にあります。ともすれば面談する相手以上に、頭がテーマに慣れていることさえあります。そのため実に効率よく話ができたり、あるいは優位に立って話を進めることができるのです。

結局、Aレベルの「理解力」、つまり「速解力」を持っていると、つねに相手に対して余裕が生まれるわけです。**先回りしてとらえたり、一を聞いて十を知ることができるので、相手がまだ説明しているときに、ほかのアイデアを考えることができます。**

この「余裕」は大きなアドバンテージになります。それは予習の効力と同じです。勉強において、なぜ予習が重要かというと、学校の授業が「すでにわかったもの」として聞こえてくるからです。そこに心の余裕があるので、ライバルに差をつけることができます。

その予習にあたる部分が、ここで言うAレベルの理解力、すなわち「速解力」です。

本来ならあらかじめ余裕を持って予習できればいいのですが、ビジネスの場ではそんな余裕はありません。直前の10分、15分が〝命の時間〟になります。即、理解できる「速読・多読」の能力が〝命〟を生かすわけです。「直前の切迫感」が速解力を鍛えてくれます。

4　Aレベルの理解力に到達するには〝逆算式読書法〟がいちばん

表現するチャンスを逃さない

では、どうやってBレベルの「要約力」の壁を突破し、Aレベルの理解力、速解力をつけることができるのでしょうか？

その方法論をお教えする前に、私自身のことで恐縮ですが、Aレベルの理解力について具体例をお話ししましょう。2003年に、若い女性作家2人が芥川賞を同時受賞したことがあります。『蛇にピアス』（金原ひとみ・集英社文庫）と、『蹴りたい背中』（綿矢りさ・河出文庫）という作品でした。

私のところには、新聞社や出版社からコメントがほしいと連絡があいつぎました。しかし、その時点で私は2冊とも本を読んでいなかったのです。「読んでないからムリ」と言うのも芸がないので、「1時間半後なら話せるので、その頃にもう一度電話をしてほしい」と言って電話を切り、本屋に2冊を買いに行きました。

読んでいないにもかかわらず、コメントを受けてしまうのものん気な話ですが、若い新人作家のダブル受賞ということなら、ついでに読んでおいたほうがいいかな、という気持ちもあり、それにどうせ読むなら、コメントを求められたこの機会に読んでしまおう、と思って引き受けてしまいました。

そして赤・青・緑の三色ボールペン方式で、1時間で2冊を読破しました。もちろん求められたコメントもきちんと述べました。前述したように気がきいたコメントを言うためにはAレベルの理解力が必要です。しかもハイスピードで理解した上で、コメントを出さなければなりません。

私が1時間でそれをこなすことができたのは、長年の「速読・多読」の訓練のたまものですが、ここにAレベルにいたる私の大きな〝企業秘密〟があります。それは**「表現するチャンスを逃さない」**ということです。

ここで、先ほどの本を読んだときの理解力の3段階を思い出してください。Cレベルは読んでもすぐ忘れてしまう段階。Bレベルは要約はできますが、そこで止まってしまう段階。Aレベルは、内容を要約して咀嚼した上で、さらに新しい価値をつけることができる段階をいいます。

Cレベルの人は、まずワンランク上のBレベルをめざすべきでしょう。日頃から要約する習慣をつけておけば、Bレベルに行くのはそれほど難しいことではありません。

ほとんどの人は、Bレベルまでは行くことは可能です。しかし私たちがめざすのはAレベルの理解力です。1時間で芥川賞受賞作品2冊を読み切り、新聞にコメントを述べることができる理解力です。

BレベルからAレベルに到達するためにひじょうに重要なポイント、それが「表現するチャンスを逃さない」ということです。

強制力を持った表現の場から逆算して本を読む

ふつうは、いろいろな本を読んでいって、その集大成として最後に表現に至る、という順番になります。しかし本についてコメントしたり、書いたりするという表現の場が与えられていると、そのために必要に迫られて読むという順番になります。これはプロの書き手に限りません。私は、小さい頃から読書感想文を求められたがために、追いたてられるように何冊か読むということを繰り返してきたので、この順番に慣れてしまいました。

そして、実は「強制力を持った表現の場から逆算して本を読む」というこの「逆算式読書法」が、Ａレベルの理解力をつける上でひじょうに有効な方法なのです。何しろ締め切りが決まっていて、しかもそこで自分なりの表現が求められるわけですから、ひじょうに速く、正確に、つっこんで読まなければなりません。

私が『蛇にピアス』と『蹴りたい背中』を読んでいないにもかかわらず、コメントを引き受けたのは、Ａレベルの理解力のスキルを磨く上で役立つと思ったからです。

もし何らかの表現の場が与えられたら、それを千載一遇のチャンスととらえ、「速読・多読」による理解力のトレーニングの場にすかさず活用すべきです。

5　期間限定、場所限定で本を読む

「読んだあと、書評を人に言うのだ！」と思って読む

しかし、現実には日常シーンで「強制力を持った表現の場」が登場することは少ないでしょう。一般の人に突然、新聞社から電話がかかってきて、コメントを求められることはないでしょうし、出版社から書評を書いてほしいと依頼が来ることもありません。

だからいつまでもダラダラと読んでいて、最初のほうを忘れてしまったり、そのうち面倒くさくなって、途中でやめてしまう、というパターンが多いのではないでしょうか。1冊読むのに時間がかかる人は、その本がどうであったか、意見を言う必要性に迫られていないのです。

しかし私は、**本を読むとき必ず「読んだあと、書評を人に言うのだ！」と思って読**

んでいます。もちろん書評をいちいち人に言わないほうが多いのですが、それでもそう思いこんで読まないと、速く読めないし、正確に読めないというのが私の持論です。

でもそんな自己暗示はきかないという人は、無理やりスケジュールをたててしまうのがいいでしょう。いつまでにその本を読まなければいけないのか、日にちを設定する、つまり自らに締め切りを課してしまうのです。

読む締め切りを設定する2つの方法

その締め切りには2つ設定のしかたがあります。1つは買ったその日に読みおえてしまうという設定。もう1つは読書会を設定するというやり方です。

まず買ったその日に読みおわることにしてしまう場合。**実は本を買った日そのものが、本を読む最大のチャンスだということを忘れてはいけません。**買った直後が、気持ちもいちばん盛り上がっているわけですから、頭が読みたいモードになっています。日がたてば、どんどん気持ちも冷めていくので、温かいうちにさばいてしまいます。新鮮なうちに魚を三枚におろしてしまうような感じです。その当日を〝締め切り日〟に設定するのは、本を読むのにひじょうに理にかなった方法です。

私がよくやるのは、本をたくさん買ってきて、そのあと喫茶店に行って読む方法です。そのときの読み方としては、1冊をじっくり読みはじめるのではなく、買ってきた5、6冊を次々に読みます。もしこの時点で、この本を全部置き忘れてきたとしても、見ないで要約が言えるくらいになるのを目標に、5、6冊を30分で読むのです。30分で5、6冊というのは、だいたい1冊につき5分くらいの感覚ですが、それしか時間がなく、30分後にはそこを出なくてはいけないという設定にしておくと、その30分はまったく違う過ごし方になるでしょう。

私はそれを「喫茶店タクティクス」と呼んでいます。この喫茶店での時間内にどれだけのことができるか、という読み方です。喫茶店としては、スターバックスなどをイメージしています。ある程度、席がある店なら、30分なり1時間くらいは店内にいられますので、その間にケリをつけてしまおうというのです。

要するに場所限定、期間限定の読み方です。実際に読破できるかどうかは別として、まずはそういう必要性を設定する。それが締め切りを設定する方法のひとつです。

もうひとつは、何日か先に読書会を設定する方法です。**読書会があると、そのときまでにいちおう読んでおいて、しかもコメントを言わなければならないので、いやで**

も読むようになります。

読書会というと大げさに聞こえますが、本について話せる友達を持つだけでもいいでしょう。私は長く友人と２人だけの読書会をやっていたことがあります。毎週決まった曜日に集まって、１時間、本について話をします。そうした優れたスパーリング・パートナー（ボクシングで言う実戦形式の練習相手）を見つければ、本を確実に読み進めることができます。

１人だけが読んでいる場合は、片方が話し、片方が聞きます。これをお互いにやると、２冊読んだお得感もあります。本について話せる「ブックフレンド（本友）」がいると、人生の宝になります。

いずれにしても、本を読みおわる〝締め切り〟を自ら設定する。そうすれば〝つん読〟だけの本はなくなるはずです。仕事の処理のしかたと同じです。

6 最終的には使える概念をゲットすることが目標

本を読むことで、新しい「概念」を獲得する

「速読・多読」のもうひとつの大きな効用は、新しいものの考え方、ものの見方をもたらしてくれることです。本を読むことで、新しい「概念」あるいは「コンセプト」が獲得できると言ってもいいでしょう。

この場合の「概念」は、ある考えのまとまりのようなもので、その言葉でほかの現象を見ることができるもの、と理解すればいいと思います。概念がひとつの事柄にしか使えないのであれば、それは本当の意味での「概念」と言えません。何か、物の名前にはりつけられた「名称」と同じです。

しかしそれが『源氏物語』にも登場し、『平家物語』や『新古今和歌集』にも見られるとなれば、便利な「概念」として定着したことになります。ここで言う「概念」

とは、そうしたものを言います。

たとえば「もののあはれ」は日本的な概念ですし、「わび」「さび」や「仁」なども概念といえます。また「バカの壁」も、今ではもう養老孟司の著書を超えて、ひとつの言葉として概念的に使うことができます。

つまり**概念を得ることによって、それまで意識されていなかった考え方がひとつにまとまったり、鮮明になってくるのです。**ユングの「集合的無意識」やキルケゴールの「不安」、ニーチェの「超人」といった有名な概念は、世界中の人のものの見方に影響を与えました。

あるいはよく使われる「ストレス」という言葉も概念です。私たちは「ストレス社会」とか、「あの人はストレスがたまっている」という言い方を一般的によくします。「ストレス」とはもともと医学的な概念として、カナダのセリエという人が〝発明〟した言葉です。何らかの刺激、つまりストレッサーがかかることによって、生体が反応して歪みを起こすことを「ストレス反応」と呼んだようです。彼が「ストレス説」を唱えてくれたおかげで、私たちは「緊張している」状態に気づくことができるようになってきました。

しかし、「ストレス」という言葉がなかった江戸時代の人たちがストレスを感じていたかというと、その概念がなかったので、はっきりとは感じていなかった可能性があります。

こう考えていくと、概念とは理解力を助ける上でひじょうに役立つ考え方と言えます。そしてその概念を獲得するのが、本を読む目的、つまり「速読・多読」の大きな意味になるわけです。

この本を読んだおかげでこの概念（ものごとを捉える視点）をゲットできた、というような読書ができれば、「速読・多読」の意味はおおいにあるわけです。

概念を駆使して、コミュニケーションできるようになる

しかしたんなる情報集めだと、「この本ではこう言っていました」というだけで終わってしまいます。つまり要約にとどまるわけで、それだとBレベルの理解力どまり、ただ〝消化〟したにすぎません。

肝心なのは、本から得た概念を駆使して、身の回りの現象について「これは、あの概念のあれに当たる」と言えることです。その地点をめざさなければなりません。

たとえば中島敦の『山月記』には「尊大なる羞恥心」という言葉がでてきます。『山月記』がどういう話かというと、プライドが肥大化してしまい、自分を飲み込んでしまったために虎になってしまった男が主人公です。しかし仕事や生活の場では、誰も『山月記』のストーリーの説明など求めていません。

そうではなくて、『山月記』の「尊大なる羞恥心」の概念を日常の事象に引用すればいいのです。すると「読むだけ読書」から「使える読書」になります。「そんなに自分に期待するものが大きすぎると、自我肥大を起こして、『山月記』の虎みたいになっちゃうよ。尊大なる羞恥心だね」と言うと、「尊大なる羞恥心」が概念として日常でも使えます。『山月記』を読んだ意味があったというわけです。

あるいは芥川龍之介の『羅生門』でもいいでしょう。『羅生門』には、死体から髪の毛を抜いてかつらにしようとする、いじましい老婆が出てきます。主人公の「下人」はその老婆を諫めようとしますが、「飢え死にを逃れるためなら、何をしてもかまわない」という老婆の論理を聞いて自分自身を正当化し、老婆の身ぐるみをはいで逃げてしまいます。

要するに、人間は悪いこともしっかり学習し、自ら境界線を踏み越えて、スパイラルを描くように落ちていくのだ、ということを言いたいわけです。

その人間の代表を「下人」と呼んでいるわけですが、『羅生門』の概念が理解できていれば、「これはまるで『羅生門』の下人だね」と言うことができます。そんなふうに会話すると、教養と知性が感じられて一目置かれるだけでなく、相手が『羅生門』を知っていれば、「下人」というひと言で概念を共有しあうことができます。

そう考えると、「速読・多読」の効用は、読書を通じて概念をゲットすることにより、いろいろな現象を多角的に切ってみることができるようになること、と言ってもいいでしょう。概念という道具を多く持っていれば持っているほど、現実を的確に解釈できるというわけです。

さらには、自分と同じように概念をゲットしている人との間で、一瞬にして理解を共有し、深いコミュニケーションをとることができます。

ユングやニーチェ、フロイトがなぜ人気があるのかというと、そうした概念がたくさん提示されているからです。偉大な思想家とは、概念を大量に生み出している人のことを言うのだと思います。

ニーチェが使った概念に、「ルサンチマン」という言葉があります。これは、弱者が強者に対して恨みや憎悪を抱くことですが、その言葉を知っていると、「人は恨みを原動力にして、何かをしてしまうからね。まさに彼の行為はルサンチマンだね」などと言ってみたくなります。

大切なのは、自分がゲットした概念を間違っていてもいいから使ってみる、ということです。使っているうちにだんだん慣れてきて、正しい使い方ができるようになります。

とにかく概念を自分のものにするには、読んだらすぐ使ってみないといけません。清少納言は「少しばかり聞きかじったことをしたり顔で言うのは恥ずかしい」と『枕草子』に書いています。でもそんなことを気にしていたら、いつまでたっても概念を自分のものにすることはできません。

兼好法師は『徒然草』で、「うまくなってから人に見せようとしても絶対に上達しない。下手な自分をさらけ出すことを恥ずかしがってはいけないのだ」と述べています。うまくなってからと思わず、概念を取り込んだら、すぐにそれを使ってみることが、概念を自分のものにする早道です。

7 本を読むことは「視点移動」である

「視点移動」が、アイデアの基本である

ところで、本を読んでも、概念をなかなかゲットできない人がいます。何を読んでも、「それを読んだ」という事実だけしか語ることができず、何が書いてあったか、言うことができません。ましてや、そこから得た概念を引用して、日常的に使うなどという高度な芸当はまったくできない人です。

そういう人に共通するのは、「視点移動」ができないことです。本から概念を得るのに必要なのは、まさにこの「視点移動ができるか」という点につきます。

そもそも「本を読む」とは、自分以外の著者の視点で読む、つまり「視点移動」ができる、ということにほかなりません。せっかく本を読むのですから、著者の側、あるいは登場人物に視点を移動し、新しい見方や概念を吸収したほうが得です。

ですから私が「速読・多読塾」を実際に運営するとなれば、まず最初に全員に「視点移動！」と書かれたTシャツを着てもらい、みんなで「視点移動を忘れずに！　視点移動、がんばりましょう！」とかけ声をかけるでしょう。

視点移動は本を読むときの基本であり、それを鍛えることで、理解力が磨かれ、頭の良さが向上していきます。**私はつねづね本をたくさん読む人のほうが、読まない人よりタフで柔軟な考え方ができて、理解力がある、と思っています。**

それは本を読むことで〝視点移動力〟が鍛えられてくるからです。他の人に対する包容力が身につき、いろいろな角度から物事を見ることができるので、いいアイデアが出せます。

アイデアとは、パッとひらめくものというように思われていますが、実はある種システマチックに出るものです。素材と最終ヴィジョンをどのように結ぶのか、という課題に対して色々な角度から視点移動ができれば、アイデアが浮かびます。

ある地点で煮詰まってしまっても、そこで視点を移動し、別の角度から攻めることができれば、突破口が開けるわけです。

缶ビールのプルトップは、以前は缶から切りはなされていましたが、野生動物や放牧された家畜が飲み込むと危ないということで、缶から落ちないように固定された形に改良されました。しかし、それだと指が引っかかって、痛いし、開けにくいという問題があります。それを消費者側に立って工夫することで、現在のように開けやすいプルトップの形状がつくられました。

このように生産者の側から考えていたことを、今度は消費者側の視点に立って視点移動して考えてみると、別のアイデアが浮かぶわけです。

これはビジネスの基本ですが、本を読むことによって、自分と違う考えや世界にふれ、視点移動力を鍛えることで、アイデアがひらめく頭の良い人になることができます。

知性とは、視点移動ができる「素直さ」である

この視点移動という考え方の対極にあるのが、テレビで行われている〝激論〟番組です。出演する人達はひたすら意見を戦わせていますが、互いに相手の立場に立とうとする視点移動の姿勢がまったくなく、明らかに知性に欠けているように見えます。

知性とは、多角的な視点から物事を見て、そこに統一性を見いだすこと、そしてそ

の統一をどんどん組み換えていけるということです。簡単に言うと、そこで決めつけてしまわないことです。

つまり**先入観や凝り固まった自分の考えに固執しないのが知性です**が、激論番組では、「そう言われてみれば、そうですね」とか「ああ、そこには気づかなかった」とは絶対に言いません。だから知性が欠如しているように見えるのでしょう。

バトルやパフォーマンスとしての面白さはありますが、見終わって、「ああ、ためになった」という知的満足が得られないのはこのためです。

本来、優れた知的な番組をつくるには、2種類の方法があると思います。ひとつは優れたインタビュアーが、「質問力」を駆使して、1人の専門家に対して、じっくり情報を引き出すというスタイル。これは本に近い番組のつくり方といえます。

もうひとつは、対話の中で気づきがあるような番組です。対話を通して、自分とは違うもの、反するものを含みこんでいき、正・反・合というように発展していく弁証法的な番組です。しかし今のテレビでは、パフォーマンスとして戦っているほうが視聴率が取れると制作者側が勝手に思い込んでいて、そうした番組ばかりがつくられています。

私に番組をまかせてくれたら、知的な対話番組をぜひ企画してみたいと思います。本来、対話というのは「気づき」がなければなりません。気づくためには視点が移動しないとダメで、手応えのある対話には「ああ、そちらから見ると、そう見えますね」という気づきが何度も登場します。

ですから**知性にはある種の「素直さ」が必要かもしれません**。ある程度、本を読んでいる人でも、価値観が凝り固まっている人は、お気に入りの作家の本、自分の趣味の本しか読みません。自分の主義主張を擁護する本ばかりを収集するようになってしまうので、ますます価値観の固さが増強され、硬直化していきます。

つまり視点移動がありません。食わず嫌いの精神が強いため、自分のハマったものしか読まず、他のものを排除することによって、自分がなじんでいるものを守ろうとするセコさがにおいます。

二割を読んで八割を理解する二割読書法は、自分のカラをいつも突き破り続ける心の習慣をつけるための方法でもあるのです。

8　気づきのあるコミュニケーションに到達するには?

自分の望む節回しの本だけ読んではいけない

「速読・多読」をする意味は、たんに情報を摂取する速度をあげて、効率のいいビジネス的な成功を得るというよりは、Aレベルの理解力、つまり柔軟な知性を身につけるのが最終目標ですから、その意味では、本を読むとき、自分の視点がいつもちゃんと移動しているかどうかを意識することが重要です。

本を閉じたら、「やっぱりそんなことはないよな」と、いつもの自分に戻ってもかまいません。でも本を読んでいる間だけは、いちおう視点を移動させてほしいと思います。

できれば読書のときは「視点移動Tシャツ」を着て、読んでほしいくらいです。なぜ私がTシャツにこだわるのかというと、**視点を移動させるのは苦痛なので、無意識**

に避けてしまうからです。Tシャツを着ていれば、楽なほうに逃げようとする気持ちを、少しでも踏みとどまらせることができます。

人は誰でも自分が思っていたり、考えていることを肯定されたいものです。ちょうど演歌の節回しのように、「こんなメロディで盛り上がってくれ！」という期待される節回しがあり、それを繰り返されると、心地よさを感じます。

本を読むときも、本当は「俺が知っている節回しを持ってきてくれ！」と無意識に願っています。よくしたもので、本の中にはこうしたニーズに応えて、読者が望む節回しをつめこんでいるものもあります。

しかし、自分の主観を再確認するためだけの本、「ありのままのあなたでいいですよ。そのような考え方で生きてきてよかったですね。あなたの思っている通りです」という本は、視点移動がまったくなく、たんなる〝慰撫〟の本にすぎません。

言ってみれば、イージーリスニングのような本です。それはそれで、今日の疲れを癒す本としてはいいかもしれませんが、**新しい概念や気づきをゲットしたり、理解力を向上させるのには役立ちません。**

慰撫が繰り返されていると、視点が固定化され、新しい知見、すなわち「へえ、そんなふうに見えるのか」という気づきが鈍くなります。

さきにあげた、本を読んでも概念をゲットできない人というのは、〝慰撫〟の本だけを読んでいるか、本に対して自分が期待するものだけを読み取り、固着的、停滞的なあり方に慣れてしまっている人です。こういう人は視点移動ができないので、本から新しい知見や概念を得ることができません。

情報処理でなく、コミュニケーションのための読書を

「速読・多読」はこうした固着的な状態を抜け出し、視点移動の柔軟性にいたるための道でもあります。速くたくさんの本を読むことで、視点移動に慣れていくのです。そう考えると、「速読・多読」はかなり深い意味があります。

もちろん、「速読・多読」をたんなる情報処理のための技術としてマスターしたい人もいるでしょう。「視点移動力なんていう面倒くさいものはいらないから、速く情報が処理できる能力を身につけたい」という人がいるのもわからないではありません。

しかし、情報を知っているだけの人は世の中にたくさんいます。今は誰でもネットサーフィンができますから、これからの時代、物知りの人は掃いて捨てるほど登場す

るでしょう。でも物を知っているのと、仕事ができること、あるいは世の中の役に立ったり、他の人と深いコミュニケーションがとれるということとは別です。やはり世の中とコミュニケーションをとり、互いに理解しあうには視点移動力が必要です。

「視点移動」を意識しながら、「速読・多読」を続けていると、人との間で身軽に視点を移動させて、対話する関係が築けるようになります。〝気づき〟のあるコミュニケーションができるようになるわけです。

つまり**お互いに話してよかった、と思えるような関係がどんどん築いていけるので、ビジネスや勉強の場ではもちろん、友人関係や恋愛においても、「あの人と話したい！」と思われ、成功を得やすくなります。**

そもそも読書とは、読者と著者との間にそうした対話的な関係、疑似対話関係をつくりやすいものです。「今まで考えてもみなかった」ということが書いてあるので、本としての意味があるわけです。

9　三色ボールペンは〝視点移動ボールペン〟だった!

まずは視点をズラすことに慣れよう

しかし本の中で視点移動をするには、脳がそうとうつらい思いをします。今見ている図形を、裏側から回ってみたらどうなのか。内側に入ったらどうなのか、と考えていくのは疲れる作業です。

ですから本を読むときは、「視点移動」をいつも意識していないといけません。「一般論ではこうだけれど、これに対比される視点は何だろう?」とつねに考え、対比される視点を赤で囲ったり、「Aの視点」対「Bの視点」というようにはっきりとつかんでおくことが重要です。

私は三色ボールペンを使って、客観的に最重要な箇所は赤、まあまあ重要なところは青、主観的に面白いと思ったところは緑の線をひいています。考えてみれば、この三色ボールペンの色分けこそ、視点移動そのものだったわけです。三色ボールペンは〝視点移動ボールペン〟と命名してもいいでしょう。

ともかく、完全に視点を移動させて反対の側からもう一度見るのはかなり難しい作業です。慣れていないと、脳にとって過酷な作業になり、「もう本なんて読みたくない！」と思ってしまうかもしれません。

そんなときは、視点を少しズラす感じでもかまいません。少し角度を変えてみる、というイメージです。AがA′になったり、A″になったりというように、似ているけれどバリエーションを変えるというか、立ち位置を少しズラしていくイメージで十分です。

このように**視点を移動させて、違う側面に光をあてる精神作業に小さい頃から慣れておくと、具体的なビジネスや生活の場で、角度を変えてすぐにアイデアが出せる有能な大人に成長します。**

小学校一年生のときから、先生が「視点移動Tシャツ」を着て、授業をすればいいでしょう。ばかばかしいようですが、この種のやり方はインパクトがあります。「視点移動」をつねに意識させておけば、教科でこわいものはありません。理科なら天動説や地動説がすぐに理解できますし、顕微鏡のミクロの世界と宇宙のマクロの世界の対比もできます。

社会科でも武士の側から見る視点と、農民の側から見る視点では歴史認識がまったく違ってきます。徳川側から見たらどうか、豊臣側から見るとどうなのか、といった視点移動の観点から授業を進めていくと、面白いものになるでしょう。

著者になりきって話してみる

そもそも学問とはこうした視点移動の集積と言えます。ですから、本を読むときも、登場人物のそれぞれに視点を移動させて読むと、より知的で奥深い読み方ができます。

私は大学のゼミで視点移動の訓練のために、学生に戯曲を書かせています。そして読み合わせのときも、それぞれの登場人物の役になりきって読んでもらいます。自分とは違う人物になりきるという経験を何度もやっていると、視点が移動して面白い、と学生たちは口々に言います。

ある農業高校で、いじめられているブタを主人公にしたシナリオを書いた高校生がいて、それをみんなで読み合わせていたら、みんながブタの気持ちがわかるようになってきたそうです。

視点移動力を身につけるには戯曲にして、せりふを言ってみる、というのもひとつの方法かもしれません。せりふを言っているうちに、視点が移動し、役が乗り移ってきます。

本を読むときも、その著者が使っている言葉を引用したり、著者になりきって話していると、そちらのほうに自分の考え方がシフトしていきます。つまり視点が移動するわけです。

私はある時期、フランスの哲学者メルロ＝ポンティになりきっていたことがありました。彼の視点を身につけるには、その人物の代弁者のように話すのが一番効果がありました。ここまで著者に乗り移らなくてもいいと思いますが、著者がよく使っているキーワードを繰り返しているだけでも、少し視点が移動し、著者のほうに思考がシフトしてきます。「一時期1人の著者にかぶれてみる」というのは、その著者のワールドをものにするための近道です。視点移動が苦手な人や自信がない人は試してみるといいでしょう。

しっかりした著者のワールドを自分のもののように身につけると、他の本が急速に理解しやすくなります。

第2講

勇気をもって飛ばし読み——一割読書法とは何か

1　二割読んで八割理解する「二割読書法」

「本は最初から最後まで読むもの」ではない

この章では、「速読・多読」に欠かせない〝必殺技〟として、「二割読書法」をとりあげてみたいと思います。

私は本を読むとき、その目的や状況によって、はっきりとモードチェンジをしています。自分の楽しみのために詩や小説を読むときは、ゆっくりと細部を味わいながら、スローテンポで読みます。大好きなものや英語の場合、音読で読破することもあります。しかし、限られた時間内で大量に読まなければならないときは、猛烈な速度で読みます。そのときの読書法が「二割読書法」です。

「二割読書法」とは本の二割だけ読んで、内容を八割理解する方法のことです。

たとえばマグロをざっくり解体して、二割のトロの部分だけ食べ、残りは捨てて、次のマグロにとりかかるというような方法です。

本は、すべてのページに万遍なく重要なことが書いてあるわけではありません。**私たちはそろそろ「本は最初から最後まで読むもの」という強迫観念から自由になるべきです。**

たとえば、本には今まで書いた文章を寄せ集めてまとめているものがあります。こういう本はそもそも全体の統一を考えて書かれてはいないので、最初のページから順番に読む必要はありません。自分に関心のあるところ、必要性のあるところだけをセレクトして読んでいけばいいのです。

論文集などはあきらかにこの類ですし、エッセイでも、あちこちで書いたものを集めた体裁が多くなっています。すると、この雑誌に書いていたところは面白いけれど、この雑誌のものはつまらないというのがあります。それを区別し、強弱をつけて読むわけです。

また、丁寧にひとつずつ石を積み上げてピラミッドをつくるように緻密につくられている本もあります。書くほうは最初の1個の石から順番に話を進めていきます。石を1個ずつ敷きつめていくのがページと言ってもいいでしょう。でも、私たちは何も壮大なピラミッド作りにつきあう必要はないわけです。書く側はそうやって書いていっても、**読む側は石段を何段置きかに飛びながら、てっぺんまで駆け上がってもいいのです。**

ひどいのになると、タイトル倒れの本があって、タイトルにひかれて買ったのに、それについての説明は4~5ページで終わってしまい、あとは全然違う話だったりします。これなら立ち読みですんでしまいます。

少ない精力で、より多くの本を読むために

もちろん優れたテーマ性をもった本でも「二割読書法」で読み解くことができます。いくら構成がきちんと考えられていても、どこも均等に面白いということはありません。著者のねらいから見て、どの章がいちばん重要かを腑分けし、マグロの美味しいところだけ取り出すように、無駄なところは切りわけて捨てていけばいいのです。そのための大きな包丁が「二割読書法」です。

結局、「今日はこの二割が最高です」と言って、出せる料理人が一流なのです。残りの八割を料理するのは、また別の機会にゆっくりやればいいわけですから、私たち

はどこを読めば、その本を八割理解したことになるのかについて追求していけばいいのです。

あるいは、どうせ均等に全部を読めないのであれば、最初の50ページに精力を傾けて玉砕するより、同じ50ページを読むにしても、2ページずつ振り分けていって、25カ所、**読んでいけば、最初の50ページで玉砕するよりは、全体の感じがつかめるわけです。**

この「二割読書法」はひじょうにアクロバチックな方法に見えますが、実はとても重要な技です。時間をかけて本を読んでから、「ああ、くだらなかった」というようなことが起きないようにするために必要な知恵です。

私たちが得たいのは本当にいいものだけですから、**二割読んで理解できたら、残りの八割を読む余力を、ほかの4冊に振り分けて読むことができます。**それをつづけていくと、同じ著者の本や同じ系列の本は、もう一割以下の労力でこなすことができるようになります。少ない精力で、どんどんと読めるようになるわけです。「二割読書法」のメリットはまさにそこにあります。

「ここを捨ててもおよそ大丈夫！」というザックリした「捨てるセンス」と勇気が大

切なのです。

2　タイトル、帯からテーマを推測する

テーマをはずさないで読むためには

　たった二割しか読まないで、どうやって内容を理解するのか。それにはいくつか押さえるべきポイントがあります。そのポイントさえ知っていれば、たいていの本は二割読むだけで理解できます。この章ではそれについてお教えします。

　まず一番大切なポイントは、**その本で述べているテーマをはずさないことです。**二割しか読まないのですから、ある程度ねらいを定めて読む必要があります。

『蹴りたい背中』を例にとると、テーマはタイトルからも推測できます。小説に登場するのは自分の世界に閉じこもっていて、女の子と積極的に関係を持つことができない男の子です。ある種のオタクと言ってもいいでしょう。

　主人公の女の子がその男の子にひかれていき、最終的に男の子のオタクの世界を暴

力的にぶち壊してやりたいと思ったとき、背中を思い切り蹴ってしまった、という話です。

つまり女の子がひきこもり気味の男の子に、どうアプローチし、その結果どうなるのかという2人の関係がテーマと言えます。

それを理解しないで、いきなり細部に入ってしまうと、ほとんどわけがわからなくなってしまいます。細かい描写を味わうのが小説の良さですが、細部にとらわれすぎてテーマを失った読み方をすると、主観的な〝好き嫌い〟の世界に入り込んでしまいます。

そうならないために、押さえをきかすというか、本筋、本当のテーマは何か、をまず最初に考えるべきです。

ましてや、いわゆる新書で扱われているものや実用書になると、はっきりとしたテーマがあるので、それを最初に押さえて読むのが王道です。

そのためには、本のタイトルに注目するのがポイントです。あるいは本のカバーについている帯の言葉や、裏表紙、開いてすぐのところに書いてある文章などもヒントになります。また、「はじめに」や「おわりに」や解説は、全体が把握しやすいようにしてあります。まず最初にそういうものを読んでおいて、テーマにあたりをつけた上で、文中でテーマに関わるところは落とさないように読んでいけばいいのです。

私は三色ボールペンを用意し、もっとも大切なところにつける赤や青でテーマに関する言葉に線を引いたり、丸で囲みながら、読み進んでいます。こうするとポイントをはずしません。

小説は実用書とはちがって、読んでいるときに、その世界にどっぷりはまりこむプロセス自体が大切ですから、むやみに二割を切り取る必要はありません。しかし、たとえば、ドストエフスキーの『白痴』『悪霊』『カラマーゾフの兄弟』を読むとなると、時折正直まいってしまうことがあります。そんな時はムリせず、2～3ページとばさせていただくことで、興味が持続します。途中で倒れないで最後まで行くことが大切です。DVDのスキップや早回し機能を読書において活用するわけです。

3 話が変化するところに注目する

起承転結の「転」に注目する

次に注目したいのは、「変化」の部分です。起承転結でいう「転」のところです。小説でいえば、「えっ?」とか「ところが」という部分が「転」にあたります。

オーソドックスな流れで行くと、まず最初に何かが起こる「起」で始まって、読者を惹きつけ、続けて状況を説明したり、それを受けて話が進む「承」があります。そして「え〜っ?」と驚くような展開の「転」があって、最後に「ああ、そうだったのか」という「結」があるという流れです。

ギリシャ悲劇の『オイディプス王』を例にとってみると、まず「起」でアポロンの神託があり、生まれる王子は父親を殺して母親と結婚するであろうという、おそろしい予言をします。そこで王様は生まれた赤ん坊を山に捨てさせるというすごい始まりが、この物語の「起」の部分です。

しかし子どもは羊飼いに預けられ、立派な若者に成長します。旅に出た若者は途中で出会った男と諍《いさか》いになり、彼を殺してしまいます。

これが実の父親だったわけです。予言通り、実父を殺してしまうというこの部分が「承」に当たります。

そして若者はある国に流れ着き、その国の人々を悩ましていたスフィンクスという怪物と対峙《たいじ》します。スフィンクスの登場が「転」になります。スフィンクスは若者に「最初は四本足で、次に二本足になり、最後は三本足になるものは何か?」というあの有名な謎をかけるのです。若者はそれが「人間である」と答えてしまいます。謎を解かれたスフィンクスは自殺してしまうわけですが、そういう面白い「転」があると、「ほお〜」という感じになって、もっと先を読みたくなります。

若者はスフィンクスを退治した功績をたたえられ、その国の王妃と結婚します。しかしそれが実の母親だったとわかり、絶望して自らの目を突き、放浪の旅に出るところで「転」から「結」へと、一気に物語はクライマックスを迎えるのです。

このように起承転結とは、文章の型のひとつです。この型を覚えてしまえば、

「転」の部分、すなわち「変化」するところがつかみやすくなります。

文章を「起承転結」で要約してみる

「起承転結」の型を身につけるには、自分で文章を「書いて」体に覚えさせてしまうのが一番いいでしょう。スポーツでも芸事でも、まず体に「型」を覚えさせるところから始まります。文章も同様です。しかし「起承転結」を血肉化させるには、相当量の文章を書かなければなりません。そこでもう少し楽に型を覚える方法として、ある特殊な読み方をしていく方法があります。

その方法論を説明したのが、私が子供向けに書いた『こくごであそぼ』(文藝春秋)です。この本では短編の文章を、すべて起承転結で要約しています。そうやってどんな文章でも、**無理やり起承転結の枠にはめて取り出してみると、そのうち、「そういう目で見れば、たしかにここに『転』があるな」とか、「ああ、ここがきっかけになって『結』を導いているんだな」ということがわかるようになります。**

短い文章であっても、本を読むときは必ずこの型を意識するといいでしょう。この読み方をしていくと、型としてリズムがつかめるようになり、「これはこうだから、こうなって、何かが起こるはずだ」という「転」が予測できるようになります。「転」が見つかれば、それがどう転がって「結」につながっていくかも推測できるはずです。

「転」の中でも、とくにテーマに関連する事柄が「変化」していく部分が要注意です。『蹴りたい背中』でいうと、ひきこもりがちな男の子と、彼にひかれる女の子の２人の関係がテーマだから、それが「変化」するところに注目して、赤や青で印をつけていけば、内容は大筋で把握できます。

4 違和感と共感の〝身体感覚〟を手がかりにする

小説を〝身体感覚〟という観点から読む

もっとも、めざすべきゴールは大筋の把握、つまり要約ではなく、Aレベルの新たな価値を提示できる理解力です。二割しか読まない「二割読書法」であっても、このゴールは変わりません。

私が『蹴りたい背中』や『蛇にピアス』に関して、新聞社や出版社から求められていたのも、単なる要約ではなく、角度のあるコメント、つまりAレベルの理解力です。

このようにオリジナリティのあるコメントや新しい価値を求められた場合、私がよく使うのは〝身体感覚〟を利用して、感覚的に反応した箇所を取り出していく方法です。私は「身体論」を研究テーマにしているので、小説も身体感覚という観点から読むことがよくあります。

たとえば『蛇にピアス』は舌を切って、ピアスをする。いわゆる「スプリットタン」に自分の体を改造していくわけですが、私は痛いのが大嫌いなので、そんな様子を想像しただけで、ゾクゾクしてしまいます。

そのゾクゾクする〝身体感覚〟をひとつのヒントにして、磁石のようにそれが来たらチェックするという感じで読んでいきます。

私の場合、本を読むときは、必ず三色ボールペンを用意し、客観的に見て大切なところや主題にあたるところは「赤」と「青」(赤のほうが重要度が高い)で線をひき、自分が主観的に面白いと思ったところや、感覚的にひっかかったところは「緑」でチェックするという分け方をします。つまり、ゾクゾクと感覚的に反応したところは緑でマーキングしていくわけです。

すると登場人物と自分との身体感覚がズレているところが、クローズアップされてきます。そのズレを手がかりに読み進めていくのです。

違和感と共感を推進力にして読み進む

なぜテーマとは直接関係がない主観的な〝身体感覚〟に注目するのかというと、角度のあるコメントを言ったり、オリジナリティのある新しい価値を付与するには、自分の感覚をアンテナにして読み進むことが大切だからです。

要約力は客観的なものです。つまり誰が要約しても同じようなものになります。しかし正しく要約できることが、この塾の最終目的ではありません。まずは全体を要約することが大前提ですが、その上でさらに一歩前に進んで、Aレベルまで到達しなければ意味がありません。

そのためには客観的な要約、つまり著者の主張やテーマに対して、**自分はどう関わることができるのかという主観的な感覚に注目することが重要なのです。**

自分が著者のテーマに対して違和感を持ったら、その違和感をアンテナに、共感できるとしたらその共感を推進力に読み進んでいくのです。共感する場合も、たんに「そうだ！　その通り！」と感情の海に流されるのではなく、自分はこの本のどこに共感できるのか、ポイントを明らかにしていきます。そして共感はできるが、自分との差異もある、その違いは何かをクリアにして読んでいきます。

するとどこが北でどこが南か、いちおうのマップと磁石を持った状態で、作品という森の中を進むことができます。闇雲にウロウロと同じところを回ったり、トンチンカンな方向に迷い込む読み方は避けられるでしょう。

5 著者に憑依して読むとポイントがかぎわけられる

違和感のある作品を理解できるようになるには

共感と違和感の「身体感覚」を手がかりにしながら読み進む方法は、主観的なエネルギーを推進力にしています。主観的な推進力というのは、自分はこの本に共鳴できるのか、それとも違和感を持ってしまうのか、ということです。本に書かれているメンタリティや身体感覚と自分とのズレの距離感を測っていくわけです。

違和感（自分の価値観・感覚とは違うという感じ）を持ったままでも、深く理解することは可能です。『苺とチョコレート』（1993年製作・DVDあり）というキューバ・メキシコ・スペイン合作の映画は、完全な一体化はしないが理解が深まるプロセスを描いています。主人公は非常に礼儀正しく、見栄えのいい男性です。実は彼はホモセクシャルだったのですが、その人が若い青年と仲良くなり、ある時点でそれが青年にわかってしまいます。

青年は自分にはその気がないので、男性の誘いを断るわけですが、最初はホモセクシャルについてまったく受けつけない状態から、次第に愛せはしないけれど、理解できるという段階に移っていきます。自分の感覚を大切にしつつ、相手を受け入れる器を大きくしていくプロセスは、「成長する理解の仕方」の手本と言えます。本でいえば、著者の考え方に全面的に賛成するわけではないが、理解はできるという地点まで到達できるわけです。

このように自分の「身体感覚」に軸足を置き、相手との距離感を測っていく方法は、対象を理解したり、内容を把握するときに役立ちます。

こうした主観的な読み方に対して、著者のほうに完全に身を移して、著者がどのように展開していきたいかを考えながら、読んでいく方法もあります。

著者の立場に立ち、どこを書こうとしたかを考えていくと、本の中でいちばん大事なところがどこにあるか、かぎつけることができます。著者の立場に立って、感情レベルまでおりていくと、著者がどうしたいかがわかってきます。

著者の文脈の中に身を置いて読む

これは現代国語の問題を解く場合とよく似ていて、本のもっとも美味しい箇所、つまりトロの部分を見つけるのに、ひじょうに有効な方法です。私は東大の現代国語の二次試験の問題を分析したことがありますが（『「東大国語」入試問題で鍛える！ 齋藤孝の読むチカラ』・宝島社）、東大の問題はほとんどが、「この文章をわかりやすく説明しなさい」というものでした。

試験問題にあげられるのは、抽象的で難解な文章ですが、そういう文章を理解する早道として、著者の文脈の中に身を置く、つまり著者に違和感を持って読まないことがあげられます。

イメージで言えば、著者に憑依して読む、恐山の「いたこ」の気分で読むということでしょうか。もし著者が偉そうな口ぶりであれば、自分も偉そうな気分で読むし、『人間失格』のように主人公が世をはかなみ、人に〝裏切られた感〟満載だったら、そういう気分になって読んでみるのです。すると著者が何を書こうとしたのか、何が言いたいのか、類推できるようになります。すなわち、トロの部分に行き着くことができるわけです。

もちろん、著者に対して「そんな奴、いないだろう？」というさめた視点で読む読み方もあります。そちらは批判的な読み方ですが、違和感を持って、突き放して読む読み方だけだと、心に素直さが欠けているので、その本の良さを吸収することができません。

何に対しても、斜に構えて読んでしまう人は、冷静に批判しているようでも、本当に大事なものをとらえていないので、その本からいちばん大切な栄養を得ることができないのです。

ですから、批判的な読み方をしたい場合でも、ある程度、体の素直さのようなものをつくっておいて、同調的な読み方と批判的な読み方の両方を並行させることが必要でしょう。

もし手っとり早く二割だけ読んで、全体を把握したい場合は、著者に同化してしまう。つまり、現代国語の問題を解く要領で、著者のサイドに完全に身を置いてしまう読み方もいちばん大事なところを逃さず、早く理解できる効果的な方法のひとつです。

「著者は必ず筋の通ったことを言おうとしている」という好意的な確信を持って臨まないと、見えてこないものがあります。翻訳する場合も同じです。著者の考え方や論理力に不信感を持っていると誤訳に陥ります。「何かおかしい」と感じる場合には、著者ではなく自分を疑ってみることが基本です。

試験の場合は、この上に出題者の意図まで好意的に読み取る作業が加わります。著者と自分との二者関係ではないのです。出題者がどう答えてもらいたがっているのかまでを考え合わせる複雑な思考は、実は日常生活でもっとも求められる力です。現代国語の問題は軽視されがちですが、実は役に立つトレーニングです。自分の好き嫌いではなく、出題者（ビジネスなら上司や顧客）の意図をくみ取りながら解答をさがすことは、大変実践的な訓練なのです。

６〝ルーペ感覚〟を持って、読み解いていく

ホームズのように細部を拡大して見る

「二割読書法」で大切なのは、全体をまんべんなく同じ比重で読まないということです。ポイントになる箇所にフォーカスして読むのが、「二割読書法」のもっとも重要な基本です。

しかもただ内容を理解するだけではなく、新しい価値を提示するためには、選び取った細部を拡大して見る「ルーペ感覚」を持っているといいでしょう。シャーロック・ホームズが持つルーペのようにです。

余談になりますが、ロンドンのベーカー街にはシャーロック・ホームズの部屋が、実在したかのように作ってあります。私はそこでシャーロック・ホームズのフィギュアつきルーペを買ってきてしまいました。ホームズの観察力と推理力（つなげる力）

にあこがれていたからです。

彼の特徴は、細部に目が届く点にあります。しかも、全部をルーペで見るのではなく、見ないものはまったく見ません。簡単に言うと、警察がいかにも目をつけそうなところは見ないわけです。「それは見なくていいんだよ、ワトソン君。もう帰ろう」というような潔い切り上げ方をします。

そのくせ、他の人が「何やっているんだ、この人は」というようなところを細かく見ているわけです。

どこにルーペを使えばいいのか、それを見分ける選択眼が重要ですが、その前にまずルーペを持つことが先決です。**誰でもルーペを持てば、何かを拡大して見ようという気になります。その感覚が大切なのです。**

まずはルーペを持ってみる

私は、『蹴りたい背中』と『蛇にピアス』の2冊の本をまだ読んでいなかったにもかかわらず、1時間半後にはそれについてコメントしなければなりませんでした。そんなとき、1ページ目から均等に読んでいったのでは間に合いません。かといって大雑把に読んでいては、コメントができない。コメントというのは、細部にポイントがあるわけです。

こんな状況に置かれたら、誰だってルーペを持たずにはいられません。まあ実際に虫めがねを用意するということではなく、集中してゆっくり読む心のあり方を〝ルーペ感覚〟と呼ぶということです。この〝ルーペ感覚〟で読んでいくと、「２人の関係はこの場面でこんなふうに変化した。それがこの小説のテーマであって、そのときの具体的な描写はこう書かれていて、その言葉にはこういう意味がこめられている」とコメントすることができます。

すると小説のテーマだけでなく、細部の表現のうまさまで際立った形で取り出せます。つまり大筋の「骨」と、一番美味しい細部の極上肉の部分を、セットで取り出すことができるわけです。

ここまで行って、初めてまともな書評といえます。Ａレベルの理解ができたというわけです。ルーペはそのための道具。まずはルーペ感覚を持つことが大切です。

7 「引用ベスト3方式」が〝ルーペ感覚〟を鍛える

ベスト3を決めるという目標を持って読む

ルーペ感覚を意識したら、次にどこを見るかが重要になってきます。テーマに関係のない枝葉末節にこだわっていても意味がありません。全体に対して大きな影響力を持つ細部をどうやって見つけるのか、細部を取り出す感覚を養わなければなりません。

そのためにおすすめするのが、「ベスト3方式」です。これは物語や論旨の展開上、ひじょうに重要な文章、もしくは段落を3つあげていく方法です。三色ボールペンでいう「赤」でマーキングされる部分です。

このベスト3方式は、案外何でも応用がきくいい方法なので、覚えておくといいでしょう。

必ずしもベスト3ではなく、ベスト5もあるかもしれませんし、どれがいちばんか決めかねることもあります。でもそれはあまり気にせず、とにかく3つ程度選ぶという作業自体が、読むときのスピードと理解を速めるのにひじょうに役立ちます。

ベストの箇所を3つ決めるために、読むのが遅くなってしまうと考えがちですが、それは逆で、**3つ提示しろ、と言われてから読むほうが速く読めます**。というのは、**ここは絶対ベスト5にさえ入ってこないだろう、という箇所がわかるからです。**

もちろん、小説の場合はそうした脱線部分が面白いところだったりします。ドストエフスキーの小説でも、肝心の主人公の話以外の挿話が面白かったりします。小説を楽しむときは、そういう部分を心ゆくまで味わってもらっていいのですが、「二割読書法」では無関係な細部にこだわっている余裕はないので、どんどん飛ばしながら読み進んでいきます。

コツは大雑把にやるということです。

引用して人に話したい箇所を選ぶ

ベスト3に入ると思える重要箇所を見つけたら、そこにルーペをフォーカスして、少し詳しく見ていくわけです。ベスト3を選びだす習慣さえ身につけておけば、ルーぺで拡大する箇所を見誤らなくてすみます。

そしてここが大切ですが、ルーペで拡大して見ていくときに、この文章は引用して使いたい、あるいは人に話したいというものを、再び「ベスト3方式」で選びだしていきます。私の場合は、赤のボールペンで囲んだ上に、さらに本の端を折ってしまいます。そして他の部分はすべて忘れてしまっても、引用部だけは何回か人に話して、完全に自分の身につけてしまいます。

なぜ引用部を記憶させるのかというと、本はその内容を引用できることに意味があるからです。読んだ本について要約して話すことができ、つねにそれを引用して魅力を語ることができれば、読んだ価値があります。

全体の二割しか読んでいなくても、何年たってもまだそれを引用できる。そういう人は、全編を丁寧に読んだけれど引用できない人より、はるかに勝っているといっていいでしょう。

一般的な日本人はあまり「引用するんだ」という意識なく読んでいます。引用を意識するだけで、言葉が向こうから突きささってくるようになります。

第3講

誰でも今すぐできる速読術

1 "a book"ではなく、"books"という考え方

1冊の本は、他の本とつながっている

第3講では「速読・多読」をするための具体的なポイントについてあげてみたいと思います。

そのポイントの第一が、本を系譜で読む、という方法です。

私たちは本を読むとき、その本1冊を単体で考えますが、1冊の本の背景には著者に影響を与えた思想や考え方、本につらなる膨大な系譜のワールドが広がっています。ちょうどサツマイモが地下茎でつながっているように、芋づる式に次々と関連のあるものが掘り出されてきます。

本の世界や情報の世界は、それだけが孤立した単体では成り立っていないのが普通です。自分が1冊を選んだとしても、その本は著者のほかの本と間違いなくつながっ

ていますし、著者をとりまく文脈も存在します。つまり本は“a book”ではなく“books”として存在しているのです。

たとえばニーチェという偉大な哲学者がいます。するとニーチェに影響を受けた本が確実に存在します。坂口安吾を読んでいると、直接影響を受けたかどうかはわかりませんが、ニーチェとの共通点をいくつもあげることができます。

このようにある種の姻戚関係にあるのではないかというものを、私は「系譜」と呼んでいます。そして**誰と誰がつながっていそうだという「系譜意識」を持って「速読・多読」していくと、著者の精神の流れや主張が理解しやすくなります。**

つまり点ではなく、線あるいは面で読んでいく方法です。

本は単体でなく、系譜で読む

そもそも人類始まって以来、初の領域を1人で切り開いている著者は、ほとんどいません。本を書く人は、ものすごく本を読んでいる場合が多いので、そうしたたくさんの本の世界をバックグラウンドとして持って書いている、と考えていいでしょう。

映画監督のヒッチコックは、少年時代に二重人格者の世界を描いた『ジキルとハイド』（R・スティーブンソン著）や『ドリアン・グレイの肖像』（オスカー・ワイルド著）などを繰り返し読んでいたそうです。幼少期にそうした世界に身を浸していた彼は、映画を撮りはじめてから二重人格的なテーマ、あるいは2人の人間が対立しあうテーマを頻繁にとりあげています。ヒッチコックの中にそうした系譜がある、ということを知れば、彼の映画に対する理解も俄然深まります。

私たちが手にする本も“a book”として存在することはほとんどあり得ず、本を買った時点で“books”なり、見えない系譜総体のひとつとして読むことになります。

ですから、**本について理解を深めたいなら、その著者の他の本、あるいはその著者がテーマとしている事柄に関係する本を一緒に読んでいくべきでしょう。**

トルストイの『戦争と平和』を中心とするなら、同著者つながりとしては『アンナ・カレーニナ』や『復活』が並び、ナポレオン関係のものがテーマ的な系譜として並びます。ナポレオンでいえば、『ナポレオン言行録』を基本として、各種伝記、S・ツバイクの『ジョセフ・フーシェ』のようなものも並ぶでしょう。『ジョセフ・フーシェ』はフランス革命の中で、裏の世界で暗躍したずる賢い政治家が主人公ですから、従来のナポレオン物とはまた違った角度から同じ時代を照らすことになります。

本を読むときは、「芋づる式」展開を意識しながら、面で読んでいくと、理解が狭くならず、多面的に広がります。

2 「〜流」というスタイルで読め！

著者のスタイルを理解すると速く読める

このように、たくさんあるブックス、複数形である〝books〟として、系譜で読む大きなメリットは、何といっても理解が極端に速くなるということです。それは著者やテーマに共通する文体、あるいはスタイルが理解できるようになるからです。

いま、ツバイクを例にとって説明すると、彼は伝記作家でしたので、ほかにも『マリー・アントワネット』や『バルザック』のような面白い伝記を書いています。彼の作品に慣れてくると、彼の文体や切り口に習熟してきます。彼がバルザックについて書いている作品を読んでも、「ああ、いつものこのパターンね」とすぐ理解できます。

これが『マリー・アントワネット』だけしか読んでいないと、たまたまマリー・アントワネットを主人公にしたからこうなったのか、それとも違うのかがわかりません。

しかし『ジョセフ・フーシェ』を読み、『マゼラン』を読み……としていくと、ツバイクの包丁さばきが理解できます。それは複数読んでみて初めてわかることです。

その独特の包丁さばきを「文体」あるいは「スタイル」と呼んでいます。スタイルというのは「誰々の固有のやり方」、あるいは「～流」と言い換えてもいいでしょう。

そしてそのスタイルは系譜にそってたくさんの本をまとめて読むと、ひじょうにわかりやすくなります。メルロ＝ポンティも『世界の散文』という著書の中で、画家のスタイルを理解するには、複数の作品を横にズラリと並べて見るのがいいと述べています。

スタイルとは一貫した変形作用です。モディリアーニが描く女性は、首が長くて土気色の顔をしており、誰が見てもモディリアーニの女性だとわかります。ピカソが描くと、幾何学模様のピカソの女性だとわかるし、ルノワールが女性を描けば、脂肪量が多く、ふっくらと丸みをおびた感じになり、すぐにルノワールだとわかります。

「女性」をテーマに描いても、彼ら流に一貫して変形がなされている、要するにデフォルメがされています。その変形に一貫性があることが「スタイル」というわけです。

スタイルは個人の場合にも言えますし、印象派と言われるように、ひとつの流派を形成している場合もあります。

この「スタイル」を理解すれば、本を読むのもひじょうに速くなります。なぜなら、理解が極端に進むので、飛ばしていいところがわかるし、著者のそれまでの本とどう違うのか、違うところに注目して読めばいいので、著者のねらいどころや面白さが手に取るようにわかるからです。

その人のものの考え方やキーワードのスタイルに習熟すると、最初の1冊に3日かかったものが、次の1冊は1日、次の1冊は1時間というように短くなっていきます。しかもそれが浅い理解なのではなく、むしろ、きっちり把握できるようになるのが素晴らしい点です。

〝著者勝負〟で読むメリットとは

完全にモノにしてしまったら、その著者から離れて別の著者に行く、つまり〝著者勝負〟で本を選んでいくというのが、速く、たくさん読むコツです。本が速く読めない人におすすめなのは、「系譜」読みの中でも、この〝著者勝負〟の読み方です。読むのが苦手な人も、慣れている著者だと速く読めます。それは前の本と同じところは飛ばすように読めるからです。

〝著者勝負〟で読んでいくメリットは速く読めるようになるだけではありません。その著者の世界の理解の仕方、表現の仕方、切り口に慣れてくるので、そのこと自体が自分にとって栄養になるという〝おまけ〟がつきます。

読書の目的は個々の情報を得るというより、どのような切り口で物事を見たり、語ったりするのかという切り口を学ぶことにあります。

そのためには1冊だけでは無理ですから、5冊、10冊と同じ著者のものを読んでいくと、その人の切り口を自分のものとして、応用できるようになります。

たとえば一般の人がナポレオンやバルザック、ジョセフ・フーシェについて語る場面はほとんどないでしょう。でも人物を切る切り口が身につけば、会社の同僚や近所の人を見るときに、「この人はこういう人物なんだな」という人物批評ができるようになります。ツバイクやトルストイと同じ切り口で世界を語れる、というわけです。素晴らしい〝おまけ〟ではありませんか。

ついでに言っておきますと、本がたくさん読めない人や、読んでも正確に理解できない人に多く見られるのは、自分の価値観や趣味に合致する本だけに固執する傾向です。そういう趣味の狭さが本をたくさん読んだり、理解することを妨げています。たくさん読まないから理解が進まない、理解できないから自分の趣味に固執する、ますます読まないという、〝狭さ〟のスパイラルにおちいってしまいます。

ですから好き嫌いせず、たくさん読んでみて、新しく読む本は今までの読書の網目の中に位置づけて考えてみてください。ここで述べた「系譜」や座標軸を頭に置いて、それとの差異において、新しく読んだ本はどういう特徴があるかを意識しながら読んでいくわけです。

これは当たり前といえば、当たり前ですが、**大量に読んだ人のほうがより面積が広く、細かい網の目をもっているので、ほかの本との関係においてその本の特質をより正確に理解し、人にも具体的に言うことができます。**それを聞いた人も得ることが大きく、1冊で何回もオイシイ経験ができます。

四〇〇メートルハードル第一人者の為末大《ためすえだい》氏は、著書『インベストメント　ハードラー』（講談社、大変面白い刺激的な本です）の中で、こう言っています。

「私が理想的だと考える書店の形は、「3年で2億稼いだ」という本の横に、必ず「3年で2億失った」という本を並べている書店です。必ず両方、買って帰ることができる。何より危険なのは、心のバランスが崩れることです。バランスが崩れないよう、注意しておくことが大切なのです。……」（202 P）

一つのテーマ、関心事について、異なる意見の本を複数見つけ、読むことによって、多角的な見方を身につけることができるようになるのです。こうなると読書は、生きるために大切な判断力を養う、重要なトレーニングメニューになります。

3 本は汚しながら読むと、「場所記憶」が活用できる

「記憶して話す」ために本を汚す

私は自分が所有する本であれば、どんどん汚しながら読んでいます。というか所有する本でないと汚せないので読めません。キーワードを丸で囲み、「どこでどうつながっているか」矢印で引っ張ってしまうのです。矢印が右ページから左ページまで、大胆に横断して引かれていたりすると、見るも無残という感じがしますが、本はしょせんそんな運命だと思います。

パピルスや羊の皮でつくっていた時代ならいざ知らず、今は簡単に印刷できる時代ですし、自分で矢印を引っ張ってしまった本は、古本屋に売れない恥ずかしさもあるので、完全に自分のものにしようという気になります。

あるいは、いいと思うところは本のページを折ることもあります。まあまあ面白い

ところは、ページの下端を折り、ものすごくいいと思うところは上も折っていきます。ふせんを貼ることもありますが、余裕がないことが多いので、折ってしまいます。そして折ったページは、重要だと思う文章の上に赤や青のボールペンで二重丸、三重丸で印をつけておきます。そうすれば、すぐにそのページを開くことができるし、最重要の部分が目に飛び込んできます。福田和也氏と対談したとき、彼もページの端を折って読んでいると聞き、おおいに共感しあったものです。

なぜ本を汚すのかというと、「場所記憶」を活用できるので、記憶の定着度が違うからです。人間の記憶には「場所の記憶」（マップの記憶）と、エピソードを記憶する「連想記憶」（物語の記憶）の2種類があります。**場所記憶と連想記憶の両方で記憶すると、記憶の定着がよく、ひじょうに忘れにくくなります。本を汚すメリットは、まさにこの場所記憶と連想記憶の両方を組み合わせられる点にあります。**

あの言葉はあのページのあのへんにあったとか、あの文章はページを折ったこのへんにあったという記憶が、場所と文章（あらすじ）で同時に脳にインプットされていくので、記憶がしっかり定着します。ちなみにパソコンは下にザーっとスクロールしていくので、場所記憶ができません。パソコンの画面を見ても、いまひとつ頭に入っていかないのは、この場所記憶と関係しているような気がします。

それはともかく、本は記憶して、その場で主旨を言えなければ、読んだ意味がありません。読んだことは読んだけれど、キーワードを説明できないとなると、何のために読んだのかわかりません。読み方が浅いといえます。

「記憶して、その場で言える」のが本を読む目的ですから、記憶するために「汚す」という行為はたいへん意味があるというのが私の見解です。

4　キーワードを飛び石にして理解する

キーワードをマップがわりにして読んでいく

私は本を読むとき、必ずキーワードに丸をつけながら読んでいます。時間がないときはとりあえず、本の最後までキーワードだけに丸をつけ、それで「1回読んだ」ことにしています。

たとえば言語学のソシュールの本であれば、「シーニュ」（記号）という言葉がキーワードなので、その単語が出てきたら機械的に青丸をつけていきます。

それだけの作業ですが、1冊分やり終えると、何となく理解が進んでいる気がするから不思議です。それは「シーニュ」に丸をつけたときに、前後の文章が目に入ってくるからです。そのあと、パラパラと本を見直すとき（これでちゃっかり2回読んだことにします）再び丸をつけたキーワードとその周辺が目に飛び込んできます。これで、さらに理解が進みます。飛び飛びにキーワードを拾っていくことで、その連関が手がかりになって、飛び石的に理解がつながっていくわけです。

いわばキーワードをマップがわりにして、全体を総合的に地図として理解し、関係と関係を結びながら読んでいくやり方です。

キーワード探しトレーニング

私が小学生相手にやっている塾では、私があらかじめキーワードをいくつか指定し、その言葉に丸をつけていく作業をさせています。『坊つちやん』の一章を音読したあと、その中から私が指定したキーワードを見つけてもらうのです。「よ〜い、スタート」で、キーワードを探して丸をつけさせるのです。20〜30秒という決められた時間内に、20ページをすべて見て、ワードを探していかないといけないので、子どもたちはおそるべき熱心さで取り組みます。ぼーっとしがちな子でもこの時は集中します。

全部できると手をあげさせていますが、速い子になると、3秒で手をあげます。それは音読の段階で、私が指定しそうなキーワードを推測し、キーワードを探しながら音読を聞いているからです。

つまりキーワードを探しながら読む習慣が養われるわけです。**抽象的で難しい本を読むときに、とくに有効です。**

キーワードを飛び石にして読んでいく方法は、

いきなり難しい本を渡されて、「3時間で理解しろ」とか「1日でレポートをまとめろ」と言われると、パニックになってしまいます。

茫漠たる海にいきなり投げ出されてしまったら、いったいどうしたらいいかわからない、という遭難状態です。頭がまっ白になれば、その時間は死んだも同然ですから、死なないためには、キーワードの飛び石を作り、さらにそのキーワードを拠点にしてその周辺を島にしていく必要があります。あちこちに島をつくり、島から漁に出ればいいのです。

まず順番として解説や帯、本のカバーの袖などキーワードがありそうなところをチェックし、キーワードに見当をつけます。それを手がかりにキーワードに印をつけながら、パラパラとページをめくっていきます。

そして「あ、ここは理解できる」というところがあれば、そこを集中的に攻めて理解します。**そこが島になります。こうやって、いくつか島をつくっていくと、そこを拠点にして、わからない部分が推測できるようになります。**大海にいくつか拠点になる島ができれば、遭難せずに目的地まで航海できるようになります。

5 ヘリコプターで荷物を拾っていく感覚で読む

キーワードの探し方

ところで、キーワードはどうやって探したらいいのでしょう。

基本となるキーワードには、通常、帯にちゃんと書いてあったり、タイトルやサブタイトルなどに大きく扱われています。あるいはいい解説者が書いている解説文や書評には必ずキーワードが書かれているので、それを手がかりにする方法もあります。

私がよくやるのは、目録に書かれている要約文を参考にするやり方です。目録はひじょうによくできていて、いつも感心してしまいます。キーワードは目録や解説文など誰かの脳味噌を媒介にして、探したほうが速いでしょう。

また普通は本文中に出てくる頻出語がキーワードですが、一般的な用語はキーワードとしては避けたほうがいいでしょう。ソシュールの本であれば、言語学について書いてありますから、「言語」や「言葉」というワードは毎ページ10個くらい出てきます。そういうものに丸をつけても意味がありません。その人固有の概念、その人を支えているワードに注目して、それに丸をつけていきます。

キーワードをチェックするこの作業は機械的に思えますが、速読・多読には実に効果的な方法です。**キーワードに印をつけているうちに、著者の考えがだんだん定着してきます。「この人はこのコンセプトを訴えたいのだ」、ということがうすぼんやりとわかってきます。**

そして最後までキーワードに印をつけたら、キーワードのところをパラパラ見返しながら、この本はおおよそこういうことを言いたいのだと、推測します。この方法に慣れてくると、だんだん推測がはずれなくなってきます。

キーワードはひとつではなく、「ベスト3方式」で3つくらい設定するのがいいでしょう。その3つのキーワードの関係を説明できれば、いちおうその本は理解できたと見ていいわけです。

3つを同時にチェックしていくのが普通のやり方ですが、1ワード限定でパラパラめくってチェックするやり方もあります。仮にキーワードが3つだとすると、ざっとではありますが、最低3回は本を最後まで見たことになります。3回も読むと、本全体がひとつのまとまったものとして、手の内におさまる感覚が出てきます。

ヘリコプターで黄金の1ページに降り立つ

キーワードの周辺にある文章も目に入ってくるので、何回か繰り返し出てくる文脈がわかります。すると一文字ずつ追っていくのとは、まったく違うアプローチで理解が進むようになります。

つまり、ヘリコプターであちこち荷物を拾っていく感じです。ヘリコプターで重要な荷物を拾いながら、いちおう最終目的地まで飛ぶ。最重要な荷物は最初の1回の飛行で拾ったので、次のフライトでは2番目に重要なのを拾います。それを4回、5回とやっているとその風景を覚えてしまいます。

大事なものも、大事でないものも、ひとつひとつすべて背中に背負いながら、地上を一歩一歩進む読み方はもうやめましょう。私たちは著者ではありません。著者は一文字ずつ進まなければなりませんが、私たちはその苦労を全部背負わなくてもいいのです。

読む側にはヘリコプターが許されています。自分がいいと思うところに降り立ち、そこだけを徹底的に吸収すればいいのです。ちなみに文章を吸収し、徹底的に味わうには音読がおすすめです（第4講（7）・第5講（1）参照）。

ともかく、地をはい、丁寧にあらすじを追っていっても、たんにあらすじを言えるだけなら、「あ、そう」で終わってしまいます。しかし、**自分が気になる黄金の1ページに降り立ち、味わいつくせば、それについておおいに語れます。1ページでも黄金は黄金。それをどうつないでいくのかが問題です。**

ヘリコプターで荷物を拾いながら、映画の予告編のように、黄金のシーンをつないでいく文脈力、推測力を鍛えていくことが重要です。歩き、自転車、車、ヘリコプターとモードを次々チェンジさせながら強弱、緩急をつけて読む「モードチェンジ読書法」がめざす所です。

この文をノートに書く

6 いい引用文を見つけるという観点で読む

一文だけでも引用できれば、勝ったも同然

キーワードに印をつけながら読む方法を紹介しましたが、これが初級クラスだとしたら、中級クラスは「いい引用文を見つける」という観点で読んでみてください。自分のために本1冊につき、引用文を必ず一文選ぶくせをつけたほうがいいでしょう。一文だけでも引用できれば、もう勝ったも同然。あとの内容はみな忘れてしまっても、その本を読んだという意味が残ります。

私は雑誌『アエラ』で担当している書評エッセイで「声に出したい一文」を毎週選ぶことになっているので、本を読むときは、キーワードとは別に「声に出したい一文」をチェックしながら読み進んでいます。候補の文章に赤で印をつけながら、ページの下を折っていき、その中からベストワンを決めていくわけです。ページを折るの

は、赤い印だけだと、どこに印をしたかわからなくなり、もう一度全部のページを見直さなければならないので、二度手間になってしまうからです。

私の場合は「声に出したい一文」という観点で、引用文を見つけていますが、どんな観点で引用文をさがしてくるのかは、その人のセンスでいいと思います。とにかく1冊の本の中でいくつか引用したい箇所をみつけ、その中でベスト1を決める習慣をつけましょう。

「声に出したい名文」でもいいし、その本の一番重要な部分でもかまいません。その引用文さえ覚えておけば、人に話すときも、それを引用して相手に対する言葉のプレゼントができます。

さらに上級クラスになると、引用文に自分のオリジナルのキーワードをつけて、その本の内容を説明するという〝高等技〟ができます。もっと上の最高峰のクラスは自分のオリジナルな概念で本の主張を再構成するというものですが、これはプロフェッショナルな技になるので、「速読塾」ではそのひとつ手前の上級クラスをいちおうのゴールとしましょう。第1講で説明したAレベルの理解力の段階です。ちなみに最高峰クラスはAレベルの中でも最上位の理解力、トップオブシェフといったところでしようか。

引用文にオリジナルのキーワードをつけて、本を説明できるという上級クラスに進むには、まず本の中でベスト3のキーワードを使って全体を説明できるレベルに到達しなければなりません。要するにキーワードで要約ができるという段階をクリアしておくのです。

そこに読み手のオリジナルのキーワードをつけることができれば、完全に自分のものにしたと言っていいので、そこをめざすことにします。

エッセイの書き方トレーニング

そのためのトレーニングとして、私が学生にやってもらっているエッセイの書き方を紹介します。まず本を読んで、その中から引用したい文を一文さがします。これは個人の趣味で自由に選んでかまいません。その引用文と自分の経験がリンクするエピソードを必ずひとつ入れて、エッセイの形にまとめます。そしてエッセイのタイトルには、オリジナルのキーワードを入れるようにします。決して「○○を読んで」といった、ありきたりなタイトルは認めません。

エッセイの中身には本を読んでインスパイアされたオリジナルのキーワードや、インスパイアされて出てきたエピソード、昔の経験などを入れ込んでいきます。それをA4判の紙1枚にまとめるのです。書いてきたものをペアになって読み合い、コメントし合います。これを毎週の課題にしています。

A4判1枚の分量はまとめる力を見るのに最適です。この間の中教審の答申でもA4判1枚（1000〜1200字程度）にまとめられる力をめざそうと書かれていましたが、自己プレゼンテーションでも、就職でも、だいたいそれくらいの分量が目安になります。

ですからぜひおすすめしたいのは、**本を1冊読んだら、必ず引用文一文と自分のエピソードをひとつからめてA4判程度の紙に打ち込み、読書ノートのような形で書き留めておくことです。**

今はブログに書いて発表することもできるのですから、読むという行為と書くという行為をワンセットにして、あるいはブログの場合は〝しゃべり〟に近い感覚で書けるのですから、読んだらしゃべる（書く）ということを習慣にしていくといいでしょう。

本を読んだら誰かにしゃべる、伝えるということが前提になっていれば、読むときの集中力が高まります。友人や家族に話してきかせるのでもいいし、自分のブログでなくとも、ネット上の読者コミュニティもあるようですから、そういったものを利用し、つねに「伝えたい誰か」を想定して、本を読むのがいいでしょう。

そして余裕があれば、さらにその本を要約し、自分なりのコンセプトを出していくようにすれば、最高峰の理解力を持つ人間、トップオブシェフになるのも夢ではありません。

7 書店、図書館を最高のトレーニングジムに変える

書店で買う本を選ぶトレーニング

書店は「速読・多読」力を鍛える上で、たいへんいいトレーニングジムになります。自分の懐からお金を出して本を買わなければいけないので、一番中身のある本だけを、なるべく少ない冊数で買いたいという心理が働きます。

ですから1冊買うために、10～20冊、周辺の本をパラパラめくってみます。そのパラパラめくりが「速読・多読」の方法と共通するのです。

本をめくりながら、買う価値があるかどうかを判断していくうちに、だんだん「速読・多読」力がついてきます。なぜなら、自分の中で必要なものと必要でないものを見分ける価値基準がクリアになってくるからです。

書店で本を買うときは、お金を払って買う価値があるかどうかの判断基準を自分の

中にもうけなければなりません。新しい情報は含まれているのか、それは専門的な知識に裏付けられているのか、それを読めば自分にどんな変化が期待できるのか、といった基準をシビアにしなければなりません。

何しろお金がかかっているので、真剣です。選んでいるうちに自分の中の価値基準が磨かれ、クリアになってきます。ハズレがだんだん少なくなります。それはちょうど音楽を試聴して買うときと似ています。1曲聴いて、いいなと思うけれど、買うほどではない、何回も聴かないなという曲が、CDショップでいろいろ試聴しているうちにわかるようになります。本も同じです。

書店のメリットはそれだけではありません。**本を面でとらえる、複数形の"books"で見ていく練習をするには、書店は最適な場所です。**私は大学で「神保町忍者部隊」と称して、学生たちに直接書店に行って情報収集してもらう試みをやったことがあります。書店に行って、5冊セレクトしてもらい、なぜこの5冊だったのか、脈絡をつけて話してもらうのです。

このとき、選ばなかった本がひじょうに重要になります。どんな本を落としたのか、その理由も必ず聞きます。行き当たりバッタリで「出会ったから、好きになっちゃったよ」という軽薄な理由では選ばせないためです。

なぜこれを好きになり、こちらは落としたのか。何冊落としてそれを選んだのかが肝心です。1冊の本の裏に、惜しくも落選した本が何冊もある本の買い方でないと、もったいないということです。

つまり、**同じ系譜にあるたくさんの候補者の中から1冊を選びだす、というトレーニングを通して、本を複数形でとらえる力が養われます。**

自分のホーム図書館を持つ

ですから、待ち合わせに書店はおすすめです。書店ほど時間を過ごすのにいい場所はありません。私は、待ち合わせは街角やコーヒーショップではなく、書店にすべきだと声を大にして言いたいと思っています。

とくに一定量の本が置いてある書店だと、著者やテーマ別に、系譜で本を並べているので、本をとりまく地図が一目でわかります。1冊の本を"a book"ではなく、"books"の網の目の中でとらえる最高の道場といえましょう。

これがひどい書店だと、出版社別だったり、アイウエオ順だったり、本の大きさ別だったりするので、こういうところは避けます。

同じ観点から図書館もおすすめです。**図書館のいいところは、膨大なテーマ別に本が並べられているということです。まさに個人の家では楽しめないような本の系譜の豪華ラインナップが楽しめます。**いろいろな図書館に行くよりは、住まいの近辺に自分のホーム図書館を持っていると、小回りが利くかもしれません。図書館を自分の書棚にしてしまうのです。

ただ、図書館の難点は書き込みができない点でしょう。実は私は、図書館方式は苦手です。私は調べたものを丁寧にノートに写したり、カードにするという性格ではないし、そういうメモをすぐなくしてしまうほうなので（そもそも本に書き込むのも、本が一番なくなりにくいからです）、書き込みができないと苦しいのです。

ですから私は〝書店派〟ですが、カードをつくったり、ノートに整理できる人なら図書館もトレーニングジム化できます。今はいっぺんに20冊くらい借りられますし、ありがたいことに貸出期限もあるので、第1講（4）の「逆算式読書法」で説明したように、締切りに迫られて効率よく読んでいくことができます。

現在は、アマゾンなどのネット書店では、検索しやすくなっていますので、それを利用する手もあります。買いすぎが難点ですが。ただし実際の書店でパラパラめくりを鍛える方が、速読には役立つと思います。

8　基本書を決め、その目次をマップにする

「目次のいい本を買う」という原則

書店や図書館は、本を取り巻く地図が一目でわかる場所だと言いました。その地図は世界地図のようなものです。世界の中での日本の位置がわかります。一方、日本地図、つまりその本自体の地図は目次を見るとわかります。

私の場合、「目次のいい本を買う」というのが原則になっています。目次がしっかりしている本は、著者が書こうとしている全体像を把握し、明確な地図を持っている証拠です。著者が内容をはっきりつかんでいるかいないかは、こちらの理解のスピードにもおおいに影響するので、まずは目次に注目します。

ふつう小説には目次がないので、この場合は実用書や学術書など知識関係の本が対象になります。目次がバラバラで何を言いたいのかわからなかったり、統一性がとれ

ていないものは、読んでも混乱するだけなので、除外します。

そしてここが重要ですが、目次を見て、概要や基礎について述べている基本となる1冊を決めてしまいます。これは私が法学部にいた頃の勉強のしかたです。まず基本書を1冊決め、その目次をコピーして書き込みをしながら、体系をしっかり理解する。それから、判例集やケーススタディ、解説書などより詳しいものに進んでいくと、他の本を読むスピードが速くなります。

なぜかというと、基本書というマップができているので、他の本に書いてあることは、基本書のこの部分と連関している、という読み方ができるからです。基本書を決めることで、座標が定まるということです。

法学部にいた時代、私は途中から法律に興味をなくしてしまいましたが、試験が目の前に迫っていて、試験科目をすべてこなさなければなりませんでした。そのとき友達からアドバイスされたのが、法律の基本書の目次をコピーし、書き込むという方法です。これはたいへん役に立ちました。

目次を拡大コピーして基本理解のマップをつくる

まず目次を拡大コピーします。普通の本なら115%くらい、文庫本だと140%のA4の大きさに拡大すればいいでしょうか。単行本のサイズなら、私はよくB4に拡大していました。拡大すると余白ができるので、そこに個々の判例や事例を書き込んでいきました。

試験ではいろいろな事例が出ますが、そうした書き込みコピーが頭に入っていると、それが目次のどのあたりに相当するのかがわかるので、答えを導く手がかりができます。最悪なのは、今求められている事例の解釈が、法律体系のどこに当たるのか見当がつかないというケースですから、少なくともそうした最低のレベルからは脱却できるわけです。

目次に書き込んでいくという作業は少し時間をとりますが、ここで基本を理解するマップをつくってしまえば、あとが速くなります。最初に仕込みをしておけば、あとの料理が手早く、上手に仕上げられるのと同じです。

目次をコピーせずに、直接本の目次に書き込んでもいいのですが、いちいちページをめくって目次に戻るのが面倒ですし、書き込む余白も少ないのが難点です。

その点、拡大コピーならいつも目の前に置いて本が読めます。コピーした目次をマップがわりに、本を読みながら、その場でどんどん書き込んでいき、自分が記憶しやすい状態に目次をつくりかえてしまえばいいと思います。

このように基本となる書は目次に書き込みをしながら、じっくり読んでおく、という練習もしたほうがいいでしょう。何でもかんでも速く読めばいいというわけではありません。**中心になる本かどうか、また1冊の本の中でも、ここは中心部かそうではないか、等高線のように思い切りメリハリをつけて、重要な本や部分はしっかり読んでいくのが、結果的に速く読むコツです。**

次に大変優れていると思われる本の目次を2例出しておきます。

最初は、マキアヴェリの「政略論」の目次です。しっかりとした命題、明確な問いで構成されている見事な目次。この目次を読んだだけでも、およその内容がつかめる。著者の中で考えが整理されていることがわかる。自分が読みたい項目も見つけやすい。

16君主政の支配にあまんじている人民は、たまたま解放されたとしても、自由を維持していくのは困難である　224

17退廃した人民は、解放されたとしても、自由を維持していくのはこのうえなく困難である　229

18腐敗した国家に存在する自由な政体はどうしたら維持していけるか、また、自由な政体がないばあいどうしたらそれをつくることができるか　232

19惰弱な君主でも強力な君主のあとを継いだばあいには国家をしばらくは維持することができる、しかし無力な君主が二代つづいたばあいには国家を維持することはできない　237

20有能かつ高潔な君主が二代つづくばあい、その成果ははかりしれない、また、体制の完備した共和国では当然手腕のある統治者が続出するので、国土および国力は非常に大きく発展する　240

21自国民で編成された軍隊をもたない君主や共和国は大いに非難されるべきである　241

22ローマのホラティウス家の三人の戦士とアルバのクリアティウス家の三人の戦士とのあいだの決闘についてなにを記憶すべきか　242

23全力をふりしぼらずに全運命を賭けるようなことがあってはならない、ゆえに、軍事的要衝だけを防御するのはたいへん危険である　244

を得ることを延期してはならない　265
33国家の内部あるいは外部から難事が起こったばあい、真正面からあたるよりは時を
かせぐほうがはるかに安全である　267
（『マキアヴェリ』「政略論」責任編集 会田雄次・中央公論社）

近代小説の祖であり、最高傑作の『ドン・キホーテ』には、わくわくする目次がついています。

さらに、驚くべき出来事あれこれ。
第20章　いまをときめくラ・マンチャの騎士ドン・キホーテも初めて、という大冒険。　231
ただし、危険は前に比べて少ない。
第21章　マンブリーノの兜をめぐる大冒険。その赫々たる戦果。　247
次いで、常勝の騎士殿が遭遇する椿事あれこれ。
第22章　いやなところへ、いやいや連れられて行く不遇の民を、ドン・キホーテが解放する。　261
第23章　シエラ・モレナ山中。いまをときめくドン・キホーテの身の上のあれこれ。
275
真相を伝えて余さぬ本篇中抜群の椿事。

（『ドン・キホーテ　前篇上』荻内勝之訳・新潮社）

都市空間は日本と同じ効果がある

9 同時並行で読み、読めないリスクを分散させる

最後まで読まない本があっても全然かまわない

今読んでいる本が1冊しかない状態というのは、リスクが大きいと言えます。その本が面白ければいいのですが、つまらなかったり、難しくて途中で挫折してしまったとき、もうスペアがありません。

「やっぱり自分は読書が苦手なのだ」という挫折感だけが残ります。しかし、ふだんから10冊ぐらい同時並行で読んでいれば、リスクが分散されるので、何冊かは読み終わることができます。

私の経験では、買った本の半分くらいはあまり読まれることなく終わってしまいます。この計算で行くと、10冊同時並行で読んでいれば、半分は読まなくても、残りの半分、つまり5冊は読めることになります。

それに線路にいっぺんに10本の列車を走らせれば、輸送量が劇的に違ってきます。それだけ理解力が増してくるわけです。1本しか走らせていないと、単線の一方通行のようなもので、その列車が止まればすべてが終わってしまいます。しかし、10本も走っていれば、どれかは終点に行き着くだろうし、荷物もいくつかは届きます。

文庫なら古本屋で1冊100円程度で売られていますから、10冊買っても1000円ですみます。本の不思議な所は、内容のレベルと価格がまったく無関係なことです。予算のない人は古本屋を利用すればいいでしょう。

1冊読むのもしんどいのに、10冊も抱えきれないという人がいるかもしれませんが、本を読み切るということにこだわらなければ、10冊でも負担になることはありません。いちおう読みかけの時点でも、「読んだ」ということにしてしまえばいいのです。

要するに、最後まで読まない本があっても全然かまわない、というスタンスでどんどん数をこなしていくほうが、1冊を丁寧に読み終わるより理解力が高まる、ということです。

まず最初に本棚を買おう!

並行して読むメリットは、リスク分散以外にもあります。複数の本を比較することによって、違いが明らかになり、両方の違いを記憶できることです。文体も、テーマも価値観も違うものを、単体ではなくその違いで見ていくほうが、記憶が定着しやすいでしょう。モディリアーニとルノワールを並べて比較すれば、違いはハッキリしますが、ルノワールだけの特徴を言語的に説明するのは難しいのと同じです。

同時並行で読む場合、忘れてはならないのは家に本棚があることです。本は図書館で借りればいいと思うかもしれませんが（とくに10冊も読むとなると、わざわざ買うのはもったいないと思う人もいるでしょう）、図書館は本を返さなければならないので、すぐに「あれを読み返したい」と思ったとき役に立ちません。

本は、背表紙がいつも見えている状態こそが重要なのです。本の背表紙が自分の部屋の中にあってふと目に飛び込んでくる、あるいは何かを語りかけてくる、そういう知的な刺激に囲まれていることが重要なのであって、図書館で借りたり、買った本をダンボールに詰めてしまっては、本の価値が半減してしまいます。

しかし今どきの大学生は、本棚を持っていない人がいるというのですから、驚いてしまいます。「速読・多読」の技を身につけたいと思ったら、まず最初に本棚を買おう！　というのを標語にしたいくらいです。

10　本を紹介してくれる頭のいい人を身近に配置する

関心のない分野の本もチャレンジしてみる

ところで同時並行で読む10冊のセレクトですが、最初はなるべく違う領域の本を選んだほうが読みやすいでしょう。10冊ともすべて同じような本ばかりだと内容がこんがらがって来るおそれがあります。

たくさん読めるということは、いろいろな分野に好奇心が持てることにもなるので、自分が興味がある領域だけでなく、関心のない分野にもどんどんチャレンジしてみましょう。

そのとき**大切なのは、自分がどのような視点で読むのかという自分なりの切り口で**す。たとえば私の場合、本を読むポイントはその人がどのように自分の弱点を克服し、上達していったか、そのプロセスを知りたいという点にあります。

すると、たとえば私はカメラに興味がありませんが、写真家荒木経惟には興味があります。アラーキーについて書かれたものや彼の著書を3、4冊買ってきた場合でも、彼の写真調達のプロセスやものを見る視点、モデルとの距離感などに注目して、興味深く読むことができます。

イチローについて書かれたものでも、ダ・ヴィンチの本でも、すべてその観点で読んでいけば、領域はまったく違いますが、関心を持って読めてしまいます。10冊だろうと、20冊だろうと、同じ切り口で切っていけるので、難なく読めてしまいます。

初級レベルからやや「速読・多読」の技術が向上してきたら、**関連する本を芋づる式に系譜で読む選び方**（第3講（1）で詳しく説明してあります）や、**著者で読む方法、出版社で読む方法などいろいろ試してみましょう。**

出版社で本を選ぶのはやや違和感があるかもしれませんが、出版社自体がカラーを持っていて、出す本をセレクトしているのが普通なので、気に入った出版社もしくはシリーズがあれば、その目録を手に入れ（文庫の目録などは書店にあればもらえますし、出版社に言えば送ってもらえます）、その中で自分が読みたいものをチェックしてから買いに行くと便利です。

本を選ぶガイドとなる友人、著者、雑誌をみつける

いずれにしても、何らかのつながりがないと、内容が定着しにくいのは人間関係と同じですから、縁を大切に選んでいくのがいいと思います。その意味では、**人が紹介した本はけっこうきっかけがつかみやすいので、本に詳しい頭のいい人を身近に配置するといいでしょう。**

しかし、身近に理想的な本友達がいない場合は、本を読むのがひじょうにうまい著者を見つけ、その中で信用できる人、あるいは自分の趣味に合致した人をセレクトしていくといいと思います。

かつては、小林秀雄がそういう機能を果していました。学問、芸術、美術などいろいろな分野に小林秀雄が関心を持って批評を書くと、彼が読むものをこちらも読むことによって、その世界に導かれていくというプロセスがありました。それが評論家の存在理由です。いまは導き役ができる評論家が少なくなっているのが残念です。

また最近は本を読むための雑誌も出ていますから、それらを読んで本に対する感度を高めておくと、アンテナがいろいろ張りめぐらされるようになります。ブックガイドを読んでもいいでしょう。知的好奇心が網の目のように広がり、10冊同時並行で読

むのもそれほど負担なく感じられるようになります（巻末の〈本を選ぶためのブックガイド・リスト〉参照）。

第4講

速読上級者用プログラム

1 〝左手めくり〟と、〝目のたすきトレーニング〟で全体を理解する

細かいことにこだわらない〝左手めくり〟

速読しなければならないとき、私はよく左手に本を持ち、親指をずらしてパラパラとページをはなしながら読んでいきます。そのとき右手はボールペンを持って、キーワードや重要箇所をチェックします。急いでいるときは決して右手でページをめくる、という行為をしません。これは、私が速読のために身につけた技です。

なぜ右手ではなく左手なのかというと、左手なら読んでいく順番にページを送っていけるし（右手でやると、後ろから読むことになってしまう）、パラパラとやりながら「あ、ここだ！」という箇所に来たら、そのページで瞬時に止めることができるからです。

先日、『脳内汚染』（文藝春秋）の著者であり、医療少年院に勤務する精神科医の岡

田尊司さんと対談しましたが、そのときにテレビゲームをやりすぎると小動物をいじめる率が高くなる、という話になりました。

それに関する資料が、私が持ってきた本の中にあったのですが、対談の最中に本ばかり見るのも失礼にあたります。しかし私は左手読みのトレーニングができていたので、パラパラと左手で探して、チラ見しながら30秒以内に目当ての資料を見つけることができました。これがもし右手で1ページずつページをめくっていたとしたら、対談が中断してしまい、座が白けてしまったでしょう。

しかし何といっても、左手読みのいいところは、右手で1ページずつめくっていくより、速く全体を見られるという点です。左手で本をつかんで、ページをパラパラさせながら、最後まで行き着くのは簡単です。

おおざっぱでもいいから、とりあえず最後まで行ってみようというやり方です。最後のページまで見ておけば、何となく全体が把握できます。

本が速く読めない、あるいはたくさん読めないという人の中には、細かいところにこだわったり、そこで止まってしまうマニアックな人がいます。最初の10ページをギンギンに読みすぎてしまい、全体像や著者がいちばん言いたいことを見失ってしまうのです。

試験問題でも一問目でひっかかってしまい、後半の大問題を白紙にしてほとんど点が取れないタイプの人です。試験では、とりあえず最後までざっと見て、できそうな問題からやって行くのが点をとるセオリーです。本を読む場合も同じです。

それに自分が本を書いている立場から言いますと、最初に肝心なことを言うタイプと、そうでないタイプがあります。著者に慣れてくると、いちばん重要な章が見つけやすいので、ショートカットしてそこから読んでいくこともできます。

私は昔から速読で本を読むときは、ほとんどこの左手読みをしていました。するとたとえば右ページしか読まなくても、およそ全体がわかるようになりました。あまり速くパラパラやると何が何だかわからなくなりますが、パラッ、パラッという感じで、ゆっくり右側だけ読んでいくと、全体の半分しか見ていないはずなのに、内容がわかってくるのです。

ここまで来るのはかなりの上級者ですが、「速読塾」では上級者になることをめざしているので、ぜひこの左手めくり読み、右ページ読みを実践してみてください。

読めば読むほど「推測力」があがる

右ページだけ見て、なぜ全体の内容がわかるのかというと、「推測力」が鍛えられるからです。右ページしか読まなくても、ほぼ間違いなく全体を理解できる、あるいは5ページごとに読んでも、内容がわかる。それは間をつないでいく推測力がついているからです。

飛び飛びに読んで、間を埋めていくのは自分の推測力ですが、その推測が正しいかどうかが問題です。最初はもちろんその精度が低いのですが、速読・多読をしているうちに精度が向上して、ほぼはずさなくなってきます。

なぜなら本を読めば読むほど、周辺の知識がいろいろ積み重なって補強され、文脈上、間違いが起きないようチェックできるからです。本を10000冊読んだ人が10001冊目を読むときは、もうほとんどはずさなくなっています。ところが100冊しか読んでいない人が101冊目を読むときは、まだ推測がはずれる可能性があります。

当たり前といえば当たり前ですが、読んだ本の数が多くなればなるほど、推測力の精度があがってきます。1000冊程度を超えたあたりから、読まなくてもパラパラ見ると書いてあることがおよそわかるようなレベルに近づいていきます。

左手めくりとセットになっているのが、視線の動かし方です。速読・多読の技術を身につけるために、私は昔、目のトレーニングをしたことがあると言いました。ページの右を見て、左を見て、たすきがけのように視線を素早く移動させる練習です。

なぜこのトレーニングが必要だったのかというと、文字を縦に1行ずつ追っていく読み方では、パラパラめくりのスピードについていけないからです。

とりあえず縦に文字を追う習慣から離れるために、右上を見て、左下を見て、今度は右下を見て、左上を見る、というように視点を大胆に移動させることが必要です。

初めはわけがわからない状態になりますが、第3講（4）で述べた「島づくり」と同じで、とにかくそのページの中で理解できる文章を見つけて、それを島にしていきます。

だんだん慣れるにしたがって、著者が「ここが大事だ」と思うところと、自分が「ここを島にしよう」という場所が一致してきます。

最初はそれがはずれてもかまいませんので、**とりあえずこの文章は目に入った、というところを「島」にして、1ページ当たり一文という感じで選んでいきましょう。**

各ページで一文ずつ選んでいったとして、その一文ずつをつなげていって、頭の中でストーリーができるように訓練していくと、推察力が磨かれ、上級者に近づきます。

2　単語の〝樹系図〟で「推測力」を鍛える

空欄を埋めていく「推測力」を養う

このように、「速読・多読」の技と「推測力」とは密接に関連があります。速読・多読の訓練として、私がよくやったのは本のページに手を置いて、見えている部分からそのページの全体を類推する「推測力」トレーニングです。

これと似たものに、現代国語の空欄補充の問題があります。問いの中に空欄をもうけ、「なぜ、こうなるのか」ということを埋めさせていく問題です。日本人は論理的な思考に弱いので、空欄問題に関しては欧米よりはるかに正解率が低いそうです。日本人の七〜八割の人は、空欄問題を見ただけで面倒くさいと思うでしょう。

しかし「本を読んだ」とは、「結局、どういうこと？」と聞かれたら、「こういうことです」と即座に答えたり、「なぜ、そう言えるの？」と言われたら、「こうだからです」と明快に返せることです。こうしたアウトプットなくして、「読んだ」とは言わないのが、読書の本来のあり方です。

すると読書においても、空欄を埋めていく「推測力」はつねに意識しておかなければなりません。と言っても、すべてゼロから自分で空欄を埋めていく必要はなく、重要なキーワードを3つくらいセレクトして、キーワードをつなぎ、話をつくればいいだけです。なぜなら、肝心の論理はもうすでに本に書いてあるからです。

たとえば相対性理論があったとすると、「質量」「エネルギー」「時間」「光速」といったいくつかの言葉をつないで、相互関係が説明できれば、「わかった」と言えます。しかしその単語がバラバラなままだと「わかった」ことにはなりません。

本とは言葉と言葉が連なるところに意味が生まれているわけですが、全部の言葉が重要性を持っているわけではないので、**キーワードを3つくらいセレクトして、短い文章をつくる作業を本の上でやっていけばいいでしょう。**

キーワードを中心に樹系図を描いてみよう

もう少しわかりやすくいうと、重要なキーワードから樹系図のように言葉が分かれていく感じになります。キーワードを中心に、ある程度のルールや因果関係によって樹系図を描ければ、本を理解したと言っていいでしょう。

そして本の内容を話すときは、図化した樹系図を文章化して言うことになります。つまり図化と文章化を繰り返しながら、理解が深まっていくわけです。

ですから、**速読・多読しながら本を理解するには、文章を概念図にするという方法も効果があります。**私は学生に本を読ませ、表紙に樹系図や概念図を描かせるという課題を与えています。小説の場合は、登場人物の相関図を描かせることもあります。

そしてその図を完成させるという形で、もう一度本を読み直してみると、知識が定着します。このように言葉をつないでいくトレーニングで、推察力と理解力が鍛えられていきます。

3 小説は「つっこみ」を入れながら読むことが大切

小説はその世界に同調する読み方と、少し離れる読み方の2通りある

小説を読む場合、多読はいいとしても、速読しなければならないということはありません。小説は元来、楽しみのために読むものなので、あまり飛ばし読みをするのはもったいないないと思います。

ただ読み方としては、「つっこみ」を入れながら読む姿勢が大切です。「その通りだ！」「すごすぎる！」「あり得ない」「バカバカしい」など、いろいろなつっこみを入れて読んでいくと、より理解が深まります。

その場合、**ふたつの読み方があります。ひとつは小説に入り込んでしまい、同調して読む読み方です。**たとえば『世界の中心で、愛をさけぶ』（片山恭一著・小学館文庫）にしても、小説の中に入り込まないと、とてもではありませんが泣けません。

実は、私は『セカチュー』にまったく入り込むことができませんでしたが、必要があって20分ほどで読みました。入り込めないときは、そういうときは「あり得ない」「こんなこと、言うか？」と笑いながら読むわけです。笑うことも、関係を持つひとつの形です。

ドストエフスキーの小説も、私はほとんど爆笑しながら読んでいます。彼の小説には、登場人物が「ふと、〜する」という表現が多く見られます。ふと気が変わって暴れ出したとか、ふと何か言いだしたとか、この場面で「それはないだろう」というくらい、登場人物がふと何かを始めることが多いのです。それは著者の癖のようなものです。村上春樹でいえば、「やれやれ」といったフレーズがこれに該当するでしょう。

著者の癖を知ってしまうと、「また出たな」と笑えます。中年が『罪と罰』を読む場合、主人公のラスコーリニコフに同調することはあまりできないと思いますが、そういうつっこみを入れながら読んでいくと、けっこう入り込める小説です。

もうひとつの読み方は、メイキングに注目して読む読み方です。映画やアニメでも、その世界にドップリ浸るのではなく、メイキングにひかれて見てしまうことがあります。

映画を見て、「この雪はどうやって降らせたんだろう?」とか、「よくこのアングルで撮影できたな」と思いながら鑑賞するのと同じように、小説を読んでも、「よくこんな展開に持っていけるな」「よくこんなものが書けたな」と、離れた視点で見るわけです。

離れて見るといっても、クールに突き放した態度というのではなく、作り手側の気持ちになるわけですから、より理解が深まると言ってもいいでしょう。

このように、小説にはその世界にどっぷりもぐり込む読み方と、少し離れて読む読み方の2通りがあります。これが両方できるようになると、ひとつの小説が2倍楽しめます。ときと場合に応じて、あるいは読みながらも、もぐりこんだり、離れたりを行ったり来たりして小説を読めるようになれば、もう小説読みの〝上級者〟です。

いい小説とは「多声楽的」である

そしてどうせ時間を使って読むなら、いい小説を味わいたいものです。いい小説とはどのようなものをいうのかと言うと、私は主人公以外の人間にもリアリティがあるものを指していると思います。いい小説になればなるほど、登場人物1人1人が生きた人間のように独立して、声を発しています。

ロシアの文芸評論家バフチーンがドストエフスキーの小説を評して、「ポリフォニック」つまり「多声楽的」と言っています。まさに彼の小説は、モノローグ（1人語り）的な小説の対極にあると言えます。

モノローグ的な小説とは、いろいろな人物が出てきても、みな類型化され、作者の代弁者にすぎないものです。どの登場人物も、作者の考えた筋や価値観を表現する画一化されたロボットにすぎません。

一方「多声楽的」な小説を読むと、作者のモノローグではなく、たくさんの人の声が聞こえてきます。ドストエフスキーの小説は、まさにそうした「多声楽的」な小説です。

こういう優れた小説は、登場人物の1人1人があまりに魅力的なので、自分を誰に同一化するのか、迷ってしまうほどです。主人公に自分を重ねる読み方がふつうですが、いい小説になればなるほど、主人公以外のいろいろなキャラクターに重ね合わせができます。

つまり、視点移動ができるわけです。**小説とはいわば〝他者理解〟の作業なので、自分とは違う人間に視点移動し、自分にもそういう部分があるかもしれない、と自分の中の他者性に気づいていく効用があります。**

ですから、嫌いな作家でも、いい作品を書いている小説家の作品はどんどん読んでおくべきです。食べ物と同じで、いろいろな作者の作品を読んでいき、嫌いであっても理解する、食べられるものを広げていくことで、他者理解が広がります。

つまり小説を読むと、他者の擬似的な人生経験ができる、というわけです。歴史に名を残すファッションデザイナーとなったココ・シャネルは、いろいろな人達から「よく人生を知っている」と感心されたそうです。しかし彼女はそれをほとんど本で学んだと言っています。

小説を読んでいると、人生のあらゆる状況が書かれているので、読書が人間関係を学ぶ技になっています。

小説にはそうした効用があるということです。

4 小説の醍醐味をB4判1枚の紙にまとめる

他の人にも役立つ速読トレーニング

次に私が授業でとりいれている、小説の文章をコピーして切り貼りする方法についてお話ししておきます。

これは「速読・多読」の技を、他の人の速読に役立てたいと思うときに効果がありますす。せっかく「速読・多読」の技術を身につけても、他の人にその効果が広がっていかないと少し寂しい気がします。**自分が「速読・多読」できることで、周りにも大きなメリットがある、という状態になるのが理想です。**

いろいろな本を読んでいて、何を聞いても的確にかいつまんで説明してくれる書評家がいたら、なんと便利なことでしょう。私もそんな友人を持ちたいものです。

しかし、ただあらすじを話してくれるだけでは、意味がありません。とくに小説に関して言えば、あまり意味がないと思います。原文のパワー、つまり作家の持っている言葉のパワーをそのまま味見できるというのが小説の醍醐味です。たんに「こういう筋です」というあらすじを説明されても、その醍醐味は伝わってきません。そんなとき、おすすめなのが小説のクライマックスや名シーンを切り貼りしてコピーする方法です。

私がトレーニングとして授業でやっているのは、**学生に共通の課題図書を与え、それぞれ名シーンだと思うところをコピーしてきてもらう方法です。**

漱石の『こころ』なら『こころ』を読み、自分がいいと思う場面をコピーさせます。そしてみなでそのコピーを持ち寄り、B4の紙におさまるようにセレクトしていくのです。ひとりひとり何をコピーしてきたかで、読み方の違いがわかります。

しかしその中でも、絶対にここだけはハズしてはならないというポイントを押さえないといけません。そしてある程度バリエーションを持たせて、作者のパワーが伝わるようセレクトしていきます。どれを捨てるか、「捨てる技術」にセンスが問われるわけです。

こうしてB4の紙に『こころ』のコピーを切り貼りして教材にしてみると、その紙

1枚に小説のいいところがおさまってしまいます。現代国語のように、問題をくっつけてもらうのも効果的です。

この作業をしてから、もう一度『こころ』を読むと、回り道のようですが、結局速く読めるようになり、しかも読んでいない人にも『こころ』の味見ができます。

このように抜粋版をつくると、人のためにも役に立ちます。

ある一点に注目して小説を読む

抜粋版に関していえば、私はある一点に注目して、その視点で小説や詩作品を読む読み方をすることがあります。たとえば私がやったのはサン＝テグジュペリや中原中也、太宰治の本から、人生にとってヒントになるひとことを抜き出していくことです。ちょうど、それだけを集めたアンソロジーを作るイメージです。太宰治だけでもちくま文庫版全集で10冊あります。それを、「人生のヒントになるようなひとこと」だけに限定してどんどん飛ばしながら読んでいきます。

すると10冊読めば、太宰の作品に慣れてくるので、何となく太宰のことがわかった気になります。量的な自信もついてきます。つまり本当は全部読んでいないのですが、ある観点から見て、このページには書かれていない、書かれている、ということが判断できるようになるので、読むスピードもついてくるし、大切な箇所も逃しません。

このアプローチは、小説を味わうのとは違うトレーニングです。

B4の紙に小説のエッセンスを抜粋して切り貼りしていくように、外科的な大胆さを持って「切り捨てる技術」が磨かれていきます。そして大胆に切り捨てながら、美味しいところだけを新鮮な形で抜粋していけるので、他の人に小説の面白さを伝えることができ、ひいてはその人の速読・多読にも貢献できるというわけです。

5 評論は〝仮想敵国〟は何かを考えながら読む

著者が戦っている相手、否定したい考え方は何なのか

一方、評論の場合は小説と違って、「この人の敵国は何か?」をつねに意識して読むことが重要です。〝仮想敵国〟というか、この人は何を否定したくて書いているのかを見つけていくのです。

評論や論文は、「従来の考え方はこうだけれど、それに対して自分はこう考える」という構造になっているものがほとんどです。たとえば論文は、たいてい先行研究をあげていって、いままではこうだったが、自分の発見はこうである、という論法で書かれています。

つまり「一般的に」「ふつうは」「いま、世間では」という感じで決めつけておいて、それを否定するパターンです。ですからその人がいま戦っている相手、否定したい考

え方は何で、それに対してその人は何を発見したのかを見つけてしまえば、わりと簡単に評論や哲学書が理解できます。

たとえば、和辻哲郎の文章は私にはわかりやすい名文なのですが、中高生には難しいと言われています。なぜ難しいのかというと、別に意地悪をしているわけではなく、著者が厳密に言いたいがために、抽象度の高い用語をたくさん使っているからです。

一例をとると、『和辻哲郎随筆集』（岩波文庫）に「面とペルソナ」という短い文章があります。能面と仮面の違いについて書かれた有名な文章ですが、パラパラと文章を読んでいくだけでは、かなり難しく、普通の高校生だと何が書いてあるのかさっぱりわからないという代物です。

しかし**「仮想敵国は何か？」に注目して読めば、それほど難しくはありません。もっと言えば、何と何を比較しているのかをつかめばいいわけです。**

「面とペルソナ」を読むとき、能面と彫刻がどう違うかについて注目すると、文章全体の構造がわかります。最初に「著者は能面と彫刻を違うものだと言っていますが、そのキーワードは何でしょう？」という問いを設定して読めばいいでしょう。

和辻哲郎は、能面についてこう書いています。

「……人の顔面において通例に見られる筋肉の生動がここでは注意深く洗い去られているのである。だからその肉づけの感じは急死した人の顔面にきわめてよく似ている。特に尉《じょう》や姥《うば》の面は強く死相を思わせるものである。このように徹底的に人らしい表情を抜き去った面は、おそらく能面以外にどこにも存しないであろう。能面の与える不思議な感じはこの否定性にもとづいているのである。

ところでこの能面が舞台に現われて動く肢体を得たとなると、そこに驚くべきことが起こってくる。というのは、表情を抜き去ってあるはずの能面が実に豊富きわまりのない表情を示し始めるのである。……」（25P）

すると彫刻は止まっているのが当たり前の状態ですが、面は能役者の体につけられて、動いているときが本来のあり方である、という違いが出てきます。

古代ギリシャにおけるペルソナは、怒っている表情の仮面や、泣いている表情の仮面など、おのおの仮面につき、一つの感情を表出したつくりになっています。

一方、日本の能面は笑っているのか、泣いているのかわかりません。その無表情ぶりにすさまじい特徴があるわけで、それが動くことによって、いろいろな表情を見る側に感じさせるのです。

面自体にすべての意味があらかじめ付与されている仮面とは違い、能面はストーリーや動きの中で、こちらがそこに感情を読み取っていく性質のものである、ということがわかります。

著者の思考パターンが見えると、難解な評論も理解しやすくなる

このようにほとんどの評論や論文は、A対Bのような対比で構成されていて、そこにA′対B′など似た形でのバリエーションがついてくるのが論法の基本になります。

つまり**何と何が対比されていて、その人の発見は何かという構造さえわかれば、どんなに難解な文章も九割がた理解できたと言っていいでしょう。**和辻哲郎で言えば、東洋と西洋を比較していて、「能面は動いているとき初めて意味を持つ東洋的な芸術である」という発見があります。

すると今度は和辻哲郎のほかの文章を読んだときも、その発見が維持されていることがわかります。文楽について述べている和辻哲郎の文章がありますが、そこでも、文楽の人形はぶらさがっているときはみすぼらしい形だが、ひとたび動きだすとひじょうに精妙であると述べています。結局、動くことで初めて意味を持つ、という観点

がここでも登場しています。

このように著者の発見のしかたや癖、思考パターンが見えてくると、難解な評論もわりと簡単に理解できるようになります。

重要なのは、「何と何を対比しているのか？」「何がこの人の仮想敵国なのか？」「何が発見なのか？」という問いを立てることです。その問いを自分で立てられれば、その答えが出てくる箇所まで飛ばし読みができます。前のほうに書かれているのは、いかにいままでの考え方は間違っていたかということを延々と書いているだけだから、どんどん飛ばして読んでいい、という大胆な読み方ができます。

この「結局、何が言いたいのか」という身も蓋もない骨格の見つけ方は、現代国語の問題を解くときに、しばしば使ったやり方です。その意味では現代国語の授業は、ひじょうに意味のあるものだったといえます。

学校の授業ではあまりにゆっくりとひとつの文章を読むために、制限時間内に骨格を見つけ出すという訓練にはあまりなりませんでしたが、大学入試の勉強では、この能力が鍛えられます。

何しろ入試問題に出される文章はかなり抽象度が高く、しかも制限時間内に「結局、何が言いたいのか」を取りださないといけないので、要求される能力は決してバカバカしいものではありません。

入試では、著者の言いたいことを「仮想敵」といっしょに並べて差し出せば、その文章が理解できていると判断されやすく、高得点がとれます。その方法論を、評論や哲学書を読むときに応用すればいいでしょう。

評論文トレーニングの方法

評論文や難解な文章が苦手という人は、和辻哲郎のように論理がしっかりしていて、対比がはっきりわかる文章を、10ページくらいずつ読んで訓練していくトレーニングがおすすめです。

三色ボールペンなどでキーワードをチェックしていき、どんどん文章を分解していって「結局、これが言いたいのだ」というところを四角く囲っていきます。昔懐かしい現国の勉強のようなことをトレーニング用のテキストでやってみるわけです。これをやっておくと、ほかの本を読んだとき構造が簡単に見えるようになります。

このようにトレーニングとして読む本と、そのトレーニングの成果を発揮する試合として読む本にわけてしまえばいいでしょう。**トレーニング用に使うのは、ある程度ハードルが高い大物の著者で、しかもその価値観に共感できる人を3人くらいセレクトしておくと、それが軸となって、ほかの本も読めるようになります。**

かつてはニーチェ、フロイト、ユングあたりを読んでおくのが主流でした。これらを読んでいれば、だいたいそのバリエーションで「これはニーチェ的だな」「これはフロイト的な世界だ」と理解できます。

いま、トレーニング用に使うとしたら、ニーチェだと、『ツァラトゥストラ』（手塚富雄訳・中公文庫）の気に入った所を読みながら、『この人を見よ』（手塚富雄訳・岩波文庫）の中の「なぜわたしはこんなによい本を書くのか」「なぜわたしはこんなに賢明なのか」という自著解説を読むといい。理解しやすい上に、笑えます。

フロイトは『精神分析学入門』（懸田克躬訳・中公文庫）が、講演スタイルなので入りやすい。ユングでは、『ユング自伝』（河合隼雄訳・みすず書房）がインパクトがある上に、ユング理論の根っこがわかります。

6　バーチャル著者対談のすすめ

明日、著者と対談するという前提で読む

私は若い頃、バーチャル誌上対談やバーチャル著者対談をひとりで試みていました。「小林秀雄と対談したら、こんなことを言おう」と頭の中でシミュレーションしているのです。これは理解力を高める上でひじょうに役に立ちました。

なぜかというと、**本を理解するには著者と対等に立つ必要があるからです**。著者に押されてしまい、「すごい、すごい」と思いすぎてしまうと、理解が曇ってしまいます。反対に「こいつは偉そうで気にくわない」と斜に構えてしまうと、やはり著者の主張がスムーズに入ってこないので、理解が歪んでしまいます。

ですから素直に「対談するのだ」と思って読めばいいのです。相手の揚げ足をとる敵対的な対談というものはほとんどありません。というか、そういう対談はやっても、

何の生産性もないし、意味がありません。

対談とは、相手の言っていることを理解しようと向かい合った上で、「おっしゃるのは、たとえば～ということですよね」「今のお言葉を応用すると、こうなるんじゃないでしょうか」と積み上げていくものです。相手の主張を引き出し、なおかつ自分の経験にひきつけて、相手に返したり、問いかけをしていく。そういう精神作用を、ふつうの人でも対談の場になればやれると思います。ただ、その機会がないだけです。

しかし明日そういう著者対談を控えている、という前提で読むと、吸収度がまったく違ってきます。私の場合よくあるケースですが、明日、著者との対談があるのに、資料となる本が5冊、今日届いたと仮定します。

すると、誰でも必死で読みます。一種のイメージトレーニングです。**試合を想定しない練習はほとんど身につかないのと同じで、つねに試合という対談をイメージして本を読むといいでしょう。**

著者に代わって講演会ができるか？

ある程度、本が読めるようになったら、今度は著者の代理人になってしまうという手があります。代理人になれるレベルまで理解力をアップさせるのです。前にもお話ししましたが私はある時期、メルロ＝ポンティの代理人でした。大学院で誰かが何か言うと、私がメルロ＝ポンティになり代わって答えるという状態がしばらく続きました。

著者に憑依すると理解しやすい、という話をしましたが、まさにその原理を応用したものです。そして、自分が代理人として講演会ができるぐらいまでのレベルをめざします。

まがりなりにも講演会ですから、著者の理論を一度吸収して、かつそれを組み換えて、現在の文脈や相手の関心にあわせて再構成する力が必要です。相手が小学生なら小学生にもわかるように、プロの学者が相手なら、専門的につっこんだ内容まで話の組み立てを考えて、構成しなければなりません。

再構成して講演するためには、著者が本で書いた書き方より、もっと内容をこなしていく必要があります。自分自身に「著者に代わって講演会ができるのか？」と問うてみましょう。「できる」と自信を持って言える地点をめざしていけば、いやでも高度な理解力が磨かれていくわけです。

7 外国語の本の「速読・多読」は音読から始める

英語のペーパーバックの音読を1時間、2時間続ける

いまはインターネットが普及し、いやでも英語の文章を読まなければならない時代になっています。こんなとき英語が速く読めて、意味もわかったらどんなに便利だろう、と誰でも思います。

英語で「速読・多読」の力をつけるために、私がどういうやり方をしたのかというと、ひたすら音読を続けました。私は英語が専門ではありませんし、日本語の時よりも気が散ってしまったり、くじけがちになります。そこで開き直って、英語のペーパーバックを1冊買い、音読を1時間でも2時間でも続けたのです。意地になって400ページくらいのものを音読で読破したこともあります。

それをやっているうちに、私の中にかなりの変化が起きてきました。というのは、

英語を読むのがだんだん無意識になってきたのです。最初は英語を読むので、緊張して発音していましたが、読み進んで来ると、同じ作家ですから、似たような語彙や表現が多くなって、パターンがつかめてきました。

音読するときにも、発音に気をつかう量が減ってきて、その分、内容に気を配れるようになってきました。音読しながら、意味を考え、訳せるようになってきたのです。

そのときの訳は、英文解釈のような面倒くさいやり方ではありません。

たとえば関係代名詞があったとしても、「何々したところの何々」という訳ではなく、もう頭から理解していって、「その男は何々していた男だが、これこれこうした」というようにこなしていきます（いちいち日本語にはしませんが）。

音読している最中は、行を後ろに戻ることができないので、頭から理解していかなければならないからです。しかしそのほうが英語の構文に近い訳ですし、それをやっているうちに、音読しながら、何となく意味もとれるようになってきます。

ですからどうせ時間がかかる英語の本を読むなら、いっそのこと音読してしまえ、と私は思います。

「急がば回れ」と同じく、「急がば音読」は、やってみると意外な効果のあるやり方です。

日本語としてわかっているものを英語で読んでみる

音読してもまったく意味がわからない英語は、たぶんその人にとってレベルが高すぎるのでしょう。音読して六〜七割、理解できるものを何回かこなしてから、もうワンランク上にステップアップしていけばいいでしょう。ペーパーバックの中でも、ひじょうに簡単な、インターナショナルなベストセラーを選ぶといいと思います。英語圏の人だけでなく、英語を第二外国語としているような人が読むインターナショナル・ベストセラーがおすすめです。

ちなみにペンギンブックスは簡単なものから順番に星1個、2個、3個となっています。私は、『走れメロス』の英語版を中学生テキストとして使えないかと思ってペンギンブックスで読みました。それは星1個でしたが、全文がおよそきちんと訳されていました。シンプルな英語に置き替えられていて、これでも完璧に筋がつかめるな、と感心したことがあります。

このように日本語として完全にわかっているものを英語で読んでみるのも、外国語を速読・多読するにはおすすめです。訳から先に読んでしまって、英語を音読するのが、英語の勉強法としては吸収力が高いでしょう。

第5講

速読を生活にうまく組み込んでいく方法

1 文章が頭に入らないときは「速音読」で脳の分割利用を促す

「速音読」で大づかみに全体を見る力がついてくる

本を読んでいても、さっぱり文章が頭に入って来ない日があります。そんなとき私がよくやるのは、「速音読」という方法です。これをやると、脳がひじょうに高速回転して、黙読するより速く読めます。

私は自分の授業でも、学生がダレてきたり、課題を読んできていないときは、音読をさせています。私がダイジェストとして選んだ所を、時計回りに、句読点が来たら次に回していく、というやり方で音読させると、恐ろしいほどの効果があります。マルだけでなく、点がきたらもう回すのですから忙しい。眠る学生、サボる学生が1人も出ませんし、みな「すごくよくわかる」「読んだという充実感がある」と口々に言うのです。音読は文字に注意を集中しないと読めないので、黙読のように行を飛ばしてしまったり、何分に1回かは白昼夢に陥るということができないのです。

「速音読」とは、この音読のスピードをさらに速めたものです。自分の口の限界まで、速いスピードで音読します。ふつう、音読といえばゆっくり、一語一語はっきり発音するイメージがありますが、1人でやる「速音読」は人に聞かせる朗読ではないので、自分がわかればいいと割り切ってください。

できるだけ息を長くして、ひと息で3～4行分は一気に立て板に水のように読んでいきます。大人なら、上手にイントネーションをつけて、意味のまとまりごとに音読していけるでしょう。言語能力が未熟な人は、つかえたり、言い間違えたり、おかしな場所で切ったりと、いくつかの引っかかりが出てきます。

ですから「速音読」で、間違えずに日本語らしく読めれば、日本語力はかなりあると考えていいと思います。ちなみに、この本ですと、1ページあたり3回の呼吸で30秒以内の速音読ができるのをめざして下さい。

「速音読」で読んでいると、最初は意味がわからないところが2、3カ所あっても、だんだん気にならなくなってきます。**もっと大きな単位で読めるようになり、段落単位で「おおよそこういうことだな」とわかってきます。大づかみに全体を見る力がつ**

いてくるわけです。

「速音読」は、脳を活性化させる

このように「速音読」をすると脳が高速回転して、理解力が高まるのですが、それは脳を分割利用しているからです。目は文字を追い、口は音読し、耳はその音を聞いて、頭で意味を理解する。脳を分割して使っているために、脳が活性化するのです。

もともと脳はほうっておけば、ひとつのことしかできません。しかし聖徳太子がたくさんの人の話を同時に理解したように、頭のいい人は脳を分割利用できます。それは訓練によってできるようになるということです。

たとえば私たちは、自転車に乗りながらアイスクリームを食べたり、人と話したりできます。しかし、自転車に乗り慣れていない人はそれができません。自転車にスムーズに乗れるよう訓練すれば、その運動がいわば自動化してきます。すると、自転車に乗るということについて、以前は脳のある部分を100%使っていたのが、10%程度の意識で乗れるようになります。つまり脳の100というスペースを分割して、90が他のことに使えるようになるわけです。

「速音読」は見て、話して、聞いて、理解するという、さまざまな脳の機能を使います。これによって、脳を分割利用し、脳を活性化させます。

また速く読もうとすると、文章の先のほうまで目を配らなければなりません。いわゆる「アイ・スパン」（目の届く範囲）を広げることになります。

アナウンサーの「アイ・スパン」が広いのは、音読する文字を見ながら、かつ目は3～4行先まで視野に入れているからです。そうでないと文章が続くと思っていたのに、突然切れたりして日本語のイントネーションがおかしくなり、アナウンサー失格の烙印を押されてしまいます。

目をサーチライトに置き換えて考えてみてもいいでしょう。単語2、3個分しか見えないサーチライトだと、文章がまとまりとして入って来ないので、間違いやすいし、イライラします。音読するときは、その文字を見ながら、少し先まで見る、つまりサーチライトの照射角を広げるので、アイ・スパンが広くなります。

「速音読」はふつうの音読より速いスピードで読んでいるため、さらに先を見なければなりません。アイ・スパンをさらに広げる練習になります。しかも見ているところと読んでいるところがズレていて、意味があとから遅れて出てくるという3つの時間性が分割されて、脳の中で同時進行している状態ですから、脳はフル回転の状態です。脳の分割利用が促進され、いやでも理解力が向上してきます。

ですから、サボっている余裕などありません。本に集中できないときや、活字がさっぱり頭に入って来ないときに、「速音読」がおすすめなのは、このためです。私はときどき、自分の脳力チェックのために「速音読」をすることがあります。**思い立ったときに、大量に短期間で「速音読」をやってみると、明らかにアイ・スパンが広がり、脳の分割利用ができるようになっていると実感できます。**

また「速音読」の訓練ができている人は、虫食いが少ない読み方ができます。ザーッと流して読むときに目を流すスピードが均一で、速いのです。ちょうど左官さんがきれいに一定の厚みで壁を塗っていくのに似ています。ムラなく、薄く、一定の厚みで塗っていくのは明らかに職人の技ですが、「速音読」の訓練をしておくと、この壁塗りの技が習得できます。

2 著者の講演会に行ったり、朗読を聞く

読書を個人的な作業にしてしまわない

本を読めない、読まない人には環境的に刺激が足りない場合が考えられます。誰かと話していて自分が読んでいない本が出ると恥ずかしい、という環境があれば、自然に読むようになるでしょう。

私が大学一年生に必ず言うのは、「プレッシャーや刺激を与える人間になれ！」ということです。あいさつとして「何か面白い本はあった？」とか「あれ読んだ？」と言い合える仲間がいたり、ブログや読書コミュニティなどで、本について発信できる場を持つようにすれば、いやでも本を読まざるを得なくなります。要するに読書を個人的な作業にしてしまわないということです。

刺激を受けるという観点でいえば、著者の講演会に行くのはひじょうに効果があり

ます。著者の肉声を聞く経験は刺激的ですし、話としても聞きやすいはずです。

本が嫌いな人、読めない人の特徴として、本にライブ感が持てないのではないかと感じます。ところが講演会になると、ライブな空気が聞いている人の脳を活性化してくれます。その上、その場の著者の印象やライブ感と話がリンクし、場所記憶と物語記憶の両方にインプットされるので、記憶に残りやすいでしょう。

講演会で聞いたことは忘れないし、興味を持ちます。するとその人の本を買ってきて、読もうという気になります。**つまり講演会が、関心をもつ出撃基地、ひとつの島のようになるわけです。そういう島を各分野に1人ずつ持っておいたらどうでしょうか。**

理系がまったくダメな人でも、昆虫に関してはこの人を拠点に、宇宙についてはこの人といった具合に、ラインナップをそろえていくのも楽しいものです。

対談本と朗読CDのすすめ

もっとも、地方に住んでいて身近になかなか講演会がなかったり、あっても行く暇がない、という人には対談本もおすすめです。

私は対談本がわりと好きで、本好きになる過程で対談本を読む時期があるのは悪くないと思っています。身辺のことを適当に語っている対談でもそれなりに勉強になりますが、やはり知的な対話をおすすめします。

ひじょうに頭のいい人同士が対話をしている本を読むと、その人たちの思考様式が、通常の本よりもっとスムーズに入ってきます。「ああ、こういうリズムで話をするのか」「こういう言葉を日常的に使うのか」「対話でさえもこういう言葉を使うのか」ということが意識しなくても伝わってきます。

一種サロン的な空気感が漂っていると言ってもいいでしょう。それが読書欲をかきたててくれます。

サロンとは、もともとそういう場所でした。お酒やお茶を飲むところに、人が出入りして、談論があって、それに刺激されて人々が思考活動に励むきっかけになりました。対談本はさしずめバーチャルのサロンと言ってもいいかもしれません。

講演と似ていますが、朗読を聞くのもおすすめです。本の中には耳で聞くとわかりやすいものがあります。たとえば樋口一葉の『たけくらべ』は、本で読もうとすると、会話文にかぎかっこがついていなかったり、誰がしゃべっているのかわからなかったりと、かなり手こずる本です。『たけくらべ』を全文読み通した人は、有名なわりには多くはないのではないでしょうか。

しかし新潮社から出ている朗読のＣＤで『たけくらべ』を聞くと、2時間弱で、全部聞くことができます。幸田弘子さんの朗読がものすごく上手で、どんどん頭に入ってきてイメージがわきます。どこからどこまでが会話文かもわかります。

朗読を聞きながら、頭の中で物語が次々と描けるのは、朗読がライブの雰囲気を出しているからでしょう。音読の効用のひとつに、ライブ感があります。人間の肉声によって語られているので、講演会を聞きにいったものに近い雰囲気が朗読にもあります。

より記憶を定着させたいなら、朗読を聞きながら同時に文字を見てもいいと思います。自分が黙読しているときに、はたしてこれだけスムーズに読み進めるものかどうか、照らし合わせながら聞いてもらえると、朗読のすごさがよくわかります。

英語では、たとえばサン＝テグジュペリの『星の王子さま』をリチャード・ギア他が朗読しているＣＤ（"The Little Prince" POCKETAUDIO）が入りやすいかもしれません。

速音読ものとしては、アガサ・クリスティの『オリエント急行の殺人』を全文音読してくれているＣＤがあります（"MURDER ON THE ORIENT EXPRESS" Read Byavid Suchet 'Complete and Unabridged' Harper Collins Audio Books)。全文を速音読する感じがつかめます。まず日本語で一部分読んでおいて、英語を聞きながら英文を目で追っていくと、落ち着いて吸収できます。音読でもかなり速く読めることがわかります。

3　本を読む時間をつくり出す逆転の発想

「本を読めない時間」などありますか

　多読する、つまり本をたくさん読むにはどうしたらいいのかというと、本を読む時間を増やせばいいのです。実に簡単な話です。仮に速く読めなくても、本にかける時間さえ多くすれば、それだけたくさん読めます。

　しかし、たいていの人は「本を読んでいる暇がない」と答えます。本当でしょうか。**私に言わせれば、「本を読めない時間」などあるのだろうか、と思います。**

　彼や彼女と一緒のときでも本は読めます。そんなことをすれば嫌われるという場合は、読書を許してくれるような相手を選べばいいのです。もちろん話をしながら読める技が必要ですが。

　風呂の中でも読むことは可能です。私は半身浴をしながら、風呂の蓋の上にバスタオルを置き、あえて難しい本を読んでいます。

居間のソファーでも読み、そのままトイレに行くときも本を持っていき、健康器具のロデオマシンに乗るときでさえ、読んでいます。

そればかりか、テレビを見るときもつねに本を読んでいます。だいたい、テレビだけを見るというのは邪道です。テレビは集中して見ていても、それほど大したものが得られません。たいていのテレビ番組にはコマーシャルがありますし、ほとんどがくだらないクイズ番組やお笑い番組、情報番組でしめられています。

テレビを見る時間も読書の時間にできる

しかし、私はテレビが大好きです。家に帰るとまずテレビをつけてしまいます。野球でも、サッカーでも、ニュースでも、お笑い番組でも何でも見ます。テレビはくだらないけれど、ついつい見てしまうものです。テレビを見ないで本を読もうとするから辛くなるのです。そういうときはテレビをつけながら、やりたいことをやればいいと思います。

そして、何か面白い言葉やシーンが出てきたときだけ、画面を見て、あとは本を読んでいればいいでしょう。こうすると、テレビを見る時間も立派に読書の時間になります。

そして寝る前にも読みますし、通勤や移動のときも必ず本を読んでいます。こう考えると、「本を読めない時間」を見つけるほうが難しいくらいです。本を読む暇がない、と言っている人は「どうやって本を読む時間を見つけるのか」という発想をやめて、**「どういうときに本が読めないのか」という逆転の発想で考えてみてはどうでしょうか。**

すると、本が読めないのは仕事のときくらいしかないことがわかります。その仕事のときでさえ、資料を読んだり、何かを調べたりするのに本を読むことができます。1日のうち大半が、実は読書にさける時間だったことがわかります。どうです。これでも読書をする暇はありませんか?

4 TPOにわけて読むのが同時並行読みのコツ

「トイレでしか読まない本」とは？

本は10冊を同時並行で読め！　と言いました。でも、通勤や通学をしている人が、いつも10冊の本を持って歩くのは大変です。そこで、私は場所によって持っていく本を変えるようにしています。

たとえばお風呂に入るときの本や寝る前に読む本、移動のときに読む本——といった具合に本をわけています。ＴＰＯと自分の体調や脳の状態に合わせて、本をセレクトしていくといろいろな本を同時並行でこなしていくことができます。

ちなみに私には「トイレでしか読まない本」というのがあります。イギリスの執事の話で『ウッドハウス・コレクション』（Ｐ・Ｇ・ウッドハウス／森村たまき訳・国書刊行会）という笑い話をシリーズで読んでいます。トイレの中にこのシリーズを積み上げておき、トイレに入ったとき続きを読んでいます。笑い話ですから、途切れ途切れに読んでも、支障はありません。ほかには「夜しか読まない小説」や「風呂で読む難しい本」などがあります。

ＴＰＯで本を選ぶ最たるものは、旅に出るときです。旅行に持っていく本はひじょうに悩みます。旅で読む本はその旅の思い出とセットになるので、記憶に残りやすいからです。

「ああ、こんなものを読むんじゃなかった」ということにならないために、細心の注意を払ってふさわしい本を選びます。

つねに本に囲まれて暮らす環境をつくる

要するに、「速読・多読」するには、**つねに本に囲まれて暮らす環境をつくっておけ、ということです。**

それをやっているうちに、子供も本を読むようになります。親が本を読んでいると、子供も本好きになります。しかし親が全然読んでもいないのに、子供に「読め、読め」と言っても無理な話です。つねに知的好奇心を持っている姿を人に見せることが大切です。

その場合、自分の趣味だけにこだわり、歴史小説だったらそれしか読まない、というのでは知的なレベルにやや欠けます。それは釣りやラジコンと同じように、たんなる娯楽のための読書です。

この塾でとりあげているのは、もっと幅広く知的好奇心を刺激し、理解力を高めるための読書です。「えっ、そんなものを読んでいるの？」とか「毎回、持っている本が違いますね」と人に言われるくらいになるレベルをめざしましょう。

5 初心者のうちは金に糸目をつけない

週に2回は書店に立ち寄って、新しい本を補充

「速読・多読」ができるようになるには、初心者のうちのある時期は本に関して金に糸目をつけない、という覚悟を持ったほうがいいと思います。本に対する出費は別会計というか、自分への投資であって、いわゆる娯楽とは違う、と考えるべきでしょう。

1カ月に最低1万円は本に出費すると決めておいてはどうでしょうか。1カ月1万円以下で脳味噌をよくしようとするのは、少し考えが甘いと思います。

感覚としては週に2回は書店に立ち寄るような感じで、新しい本を補充していきます。暇なときに書店に寄って、喫茶店で読むという行動パターンをつくってしまえばいいでしょう。

本がたくさんありすぎて、部屋が狭くなると言う人がいますが、頭がよくなるほう

がずっと重要なのに、なぜ部屋のスペースを優先するのか、その人の感覚が私にはわかりません。それに、本当に本が増えて困るというのは、10000冊くらいになってからをいいます。1000冊ぐらいでは、大したことがありません。

天井まで入る本棚だと400冊くらい楽に収納できます。1000冊というと、そういう効率のいい本棚が3つある状態ですから、それで部屋が占領されてしまうほどのものではないでしょう。どんどん購入し、少しずつ入れ替えをしていけばいいのです。

書店は本をセレクトする目を養う道場になる

本を購入するためには書店に足を運ぶわけですが、私ができるだけ頻繁に書店に行け、というのは、書店が本をセレクトする目を養う道場になるからです。1冊の本を選ぶために、何冊かの本をふるいにかけます。面白そうだと思って見てみたけれど、全然ダメだったという本が「Cランク」、ちょっと面白いが買うほどでもないという本が「Bランク」、お金を出しても買いたいという本が「Aランク」です。

そして買い求めた1冊の背後に、トーナメント戦で敗れ去ったBランク、Cランクの本たちがいるわけです。それらについても、いちおう知見が得られます。「こんな本をご存じですか」という話が出たとき、買ってはいないけれど、おおよそこういう本ですね、と会話ができれば、相手は知っている人には話す気がします。トーナメント落ちした本からも、知識が広がる可能性があるのです。

その意味でも身銭を切って本を買う、そのために書店に行き、真剣に本を選ぶという行為はたいへん有意義なことです。

6 集中力を鍛えるための〝1行読み〟トレーニング

手で1行ずつズラして読み、集中力を持続する

なぜ本を読むかというと、もちろん知識を吸収するためもありますが、**本を読む行為自体が集中力のトレーニングになるからだと思います。本が1冊読める人はそれだけ集中力が続く人です。**

最初のうちは10ページ、20ページで疲れてしまっていたのが、本を読むのに慣れてくると、気がつくと2時間くらい集中していた、というようになります。

そのように集中する時間を長くしていくことが、集中力を鍛えるひじょうに効果的なトレーニングになっています。仕事をするときでも、勉強するときでも、読書によって鍛えていれば集中時間が長くなり、対象に関心を持ちつづけられる脳の体力が培われていくわけです。

今はテレビやネットの時代です。すべてが、飽きないように工夫されていて、飽きたらすぐ別のチャンネル、別のサイトに行ける仕組みになっています。

しかし本は地味で飽きやすいものです。それだけに本を読むことは、現代生活において、数少ない集中力を鍛える脳のトレーニングメニューと言ってもいいでしょう。

私は本を読んでいて、あまりに気が散ってしまうときは、しおりで行を押さえて、1行ずつズラして読む、という読み方をしたことがあります。手で1行ずつズラす行為が細かい作業ですので、本を読みながら白昼夢に陥るということが避けられます。手の動きが止まったときは、自分が白昼夢に陥ったとすぐ気づきます。そして行をズラすときは、5秒、5秒という感じでリズミカルに一定の速度で動かしていくと、集中力が途切れません。

「何分の何までできているか」をチェックしながら読む

本をまるまる1冊読破することも、集中力のトレーニングになります。そのために私は、「終わりまであとどれくらいか」というチェックを積極的に行います。読みながら、あとどれくらい？　と考えるのも情けない話ですが、その情けなさを正面から受け止めて、推進力に変えてしまうわけです。

私の場合、本を横から見て、あと何分の何、で見るのが好きです。5分の1まで読むと、次は5分の2をめざしますが、その前に3分の1が来ます。3分の1から3分の2まで行くのが苦しいのですが、その前に2分の1が来て、5分の3が来ます。そしてようやく3分の2が来て、5分の4になります。

「何分の何」という数え方は、たくさんの量を我慢するときに私がよく使う手です。

そういえば、昔、何百枚もの答案用紙を添削するアルバイトをしたことがあります。多すぎてもうイヤになってくるのですが、そのとき、あと半分とか、あと3分の1、4分の1という具合に数えていくと、何とか耐えることができました。ちょうど街道を歩くときの一里塚のようなものです。

20分の1や10分の1あたりまでは〝防戦〟一方、「まだあるのかよ」という感じですが、半分を超えたあたりからこちらが攻めている気になります。「勝ってる、勝ってる」という感じになるその気持ちが大切です。そして遂に征服したときの達成感、「読み切ったぞ!」という〝読破感〟が、次の本に挑戦しようというエネルギーにつながっていきます。

7　本を読むことと呼吸法をセットにする

呼吸はゆっくりでも、脳と目が速く動く

集中力を持続させる方法としては、呼吸法もおすすめです。私は呼吸法の研究が長かったので、本を読むことと呼吸法はいつもセットになっています。

どんな呼吸法かというと、鼻から3秒程度息を吸って、軽く2秒間息を止め、次に口をすぼめてスーッとゆるやかに10秒から15秒かけて長くゆるやかに息を吐きます。吐くときがポイントで、最初はへその下、丹田という場所に手を置いて、そこを意識しながら、できるだけ細く、長く吐くようにするといいでしょう。すると1分間で3、4回というひじょうにゆっくりした呼吸になります。

この状態でゆっくり、ゆっくり呼吸しながら本を読んでいるうちに、ある種、息がスーッと止まっているような静かな状態が訪れます。それが集中している状態とぴっ

たり重なるのです。呼吸がハアハアしていたり、息が途切れ途切れになってしまう状態は、集中していないときです。

仮死状態というか、外から見ると、静かに静止しているようなときがもっとも集中しているときです。ですから長く吐く呼吸をふだんから心がけていると、すぐ集中状態に入れます。

面白いことに呼吸がゆっくりでも、脳と目は速く動いています。これを応用したのが動体視力を高めるときのトレーニングです。呼吸を荒くすると、動いているものが速く見えます。しかし呼吸をフ～ッとゆっくりさせると、速度が遅く見えます。球技では、呼吸を整え、ゆっくり吐くことによって、球が遅く見えるよう訓練しています。

本の場合は、動体視力ではありませんが、目と脳を忙しく動かしています。呼吸はゆっくりなのに、脳と目が速く動く。この連動に体を慣れさせていくと、集中しながら、脳と目をフル回転させることができます。

読書は集中するための脳のトレーニングになる

この技を身につけると、ほかの場面でも集中状態をつくりだす、ある種のセルフコントロールがうまくいくようになります。仕事をするときも、集中の持続時間が長くなるでしょう。ですから本を読む訓練は、たんに知識を深めるだけでなく、集中して何かを生み出す脳のトレーニングになっているわけです。

そもそも考えるときには、ある問題について、しつこく飽きずに考える粘着力が重要です。しかし同じところをグルグル回っていてもしかたないので、メモをとったり、キーワードを出したり、図化したりして整理していきます。

本を読む行為は、こうした脳のあり方に似た状態をつくりだすことになります。**本を読むことによって、最終的に考える力を伸ばしているわけです。**

読書と呼吸法のセットで集中力が鍛えられ、脳が活性化して、考える力が伸びるわけですから、なぜ本を読まない人がいるのか、不思議でなりません。

8 読んでも疲れない「密息」と「アレクサンダー・テクニーク」

密かに呼吸することでリラックスする方法

呼吸法についてもう少しふれておきましょう。

世界的な尺八奏者の中村明一さんという方が、「密息」という呼吸法について書かれています（新潮選書『「密息」で身体が変わる』）。

尺八は呼吸法だけでもっているような楽器です。中村さんによると、「密息」という呼吸法をすると、呼吸量が一気に増え、演奏の表現に幅が生まれるのだそうです。

「密息」とは「密かに呼吸する」ことで、吐くときにできるだけリラックスして長くゆるく吐く呼吸法です。おなかに張りをもたせたまま吐く呼吸をイメージしていただければいいでしょう。

これは、日本人が着物文化であることと関係しています。あまりおなかをペコペコさせると帯がズレてしまうので、おなかを張ったまま呼吸するために考え出されたようです。丹田呼吸法とよく似ていますが、骨盤をズルリと前に出すような姿勢にするところが大きな特徴です。

ちょうどソファーにドッと倒れて、「はあ〜」とため息をつくような感じで、腰を前にズルっと出して座る姿勢です。だらしない姿勢ですが、あの腰の傾きが日本人特有のものだということです。

黒人は骨盤がふだんでも前傾していて、腰が入った状態というか、すぐにでも走り出せる姿勢をしています。しかし日本人はその反対に、骨盤が後ろに倒れていて、わりと猫背気味になっています。

それが悪いことばかりではなく、そのほうが呼吸が深くできるメリットがあるそうです。つまり骨盤をズラすと、密かに大量に深く吸い込めるのです。

楽に呼吸できる姿勢で本を読む

本を読むときも、呼吸が乱れると読めなくなってしまうので、子どもたちに指導するさいには、呼吸法をやってから読書を始めます。そのとき読む姿勢に関しては、必ずしも「良い姿勢」を強制していません。

おなかによく息が入る楽な姿勢で読ませるようにすると、めいめい仰向けになったり、うつ伏せになったり、あちこち姿勢を変えながら読んでいます。同じ姿勢を保つほうが疲れるので、生き物が自然に動いて生活しているように、本を読むときも楽に呼吸できる姿勢で読むのがいいと思います。

私自身もさまざまな姿勢で読みます。しつけという観点を抜きにすれば、ひとつの椅子と机で、背筋を伸ばして本を読む、ということを強制する時代ではない気がします。**とにかく本を読むときは、多少行儀が悪くても、楽な姿勢で読むのがいいでしょう。**

オーストラリア人の俳優、F・M・アレクサンダーが考え出した方法に「アレクサンダー・テクニーク」というものがあります。これは体から不必要な力を取り除いて、人間本来が持つ力を引き出していくテクニックのことです。

人間はたとえ頬杖をついて休んでいる状態のときでも、よく調べてみると、肩にまだよけいな力が入っていたりします。そうした力を取り除き、姿勢を保持するのに最低限の緊張ですむようにしていくやり方です。

本を読むときも、それくらい力を抜いて楽な姿勢で読めば、長く集中して読むことができます。

9 本を雑誌化して読んでしまう方法

本を〝雑誌風〟につくりかえる

本は面倒くさいけれど、雑誌なら読むという人は案外います。雑誌も情報量がある程度あるので、選び方によっては「速読・多読」の訓練にはなります。しかし頭の精度ということになりますと、やはり本をたくさん読んでいる人と、雑誌しか読まない人では、精度に違いが出てきます。

そこで**本を〝雑誌風〟に読めれば、もっと気軽にたくさんの本が読め、頭の精度も高まるのではないでしょうか**。そのために、なぜ雑誌が読みやすいか、考えてみることにしましょう。雑誌はなぜ疲れないのかというと、読みやすいように徹底的に誌面が工夫されていることがあげられます。

まずタイトルがひとつのメッセージになって、読者をひきつけます。雑誌にとって見出しは〝命〟といってよく、たった1行で注目を集める、その問いかけをどうつくるかに、ひじょうな精力を注いでいます。新聞広告を打つときや電車に中吊り広告を出すときも、見出しを並べていくわけですから、そこに入れる問いかけやメッセージは考えに考えられたものです。

それが命題になっていることが多いので、まずそれを見ておおよその内容が把握できます。加えて雑誌の場合は、必ず「リード」といって、タイトルのそばに要約が4～5行ついています。さらに「キャッチ」といって「なぜ我々は気づかなかったのか」といったような問題提起や問いかけがのっていることもあります。

また余白にはイラストや図があり、文章の間には小見出しもあります。しかも1行の文字数が少ないので、横に視線を流しやすいデザインになっています。1行に入る文字が長いと、縦に視線を流していくことに疲れてしまいます。だいたい雑誌は14～18字くらい、新聞が11字くらいです。これが経験上、横に視線を流しやすいアイ・スパンなのだと思います。本の場合は、この倍、1行に約40字あるので、慣れないとやはり読みにくいというのはわかります。

ですから、雑誌の誌面構成を頭に置いて、本を読みやすいようにつくりかえてしま

うのがいいと思います。本の中で述べられている問題意識や問いかけのところを山型のかぎかっこ〈　〉でくくってしまったり、キーワードを赤字で囲んだり、あるいは自分で図化してページの余白に書きこんでしまいます。

自分の「引用目次」や相関図、概念図をつくってしまう

私は本の表紙の裏にある白いページを利用して、重要なキーワードや、人に伝えたい引用を全部書き出しています。そしてキーワードや引用の下に「○ページ」といった具合にページ数を書いておき、そのページを折っておくと、あとでパッと見られるので便利です。**要するに自分用の「引用目次」のようなものをつくってしまうのです。**

あるいは、そこに概念図や相関図を描いておくこともあります。ドストエフスキーの『カラマーゾフの兄弟』で言うと、グルーシェンカという色っぽい女性がいて、フョードルという男とつきあっていますが、彼女をフョードルの息子たちが好きになって、父親が殺される、という人間関係を相関図にして描いておきます。

この人とこの人は反発しあって、最後にこれがこれを殺してしまう、という相関図を読みながら描き加えていくと、出来上がった相関図を見ただけで、『カラマーゾフ

の兄弟』のあらすじが説明できます。

また本の読み方も雑誌風に、自分の興味のあるところからつまみ食い式に読んでいくスタイルにすれば、気楽に読めるのではないでしょうか。長編小説では無理かもしれませんが、短編集やビジネス書では、これができるものがたくさんあります。一番関心があるところからはじめていって、どこで倒れても、ベスト3くらいまで読んであるというようにします。そしてワーストは読まないようにします。雑誌ではふつうにやっていることを本にも適用することで、ぐっと本が身近になります。

それに**雑誌はキーワードや引用箇所を見つける練習にも使えます。私は雑誌を読んでいて、引用可能な箇所は付箋を貼り、ボールペンで囲ってしまいます。そしてひじょうにいいと思う箇所はコピーをとったり、ページをびりびり破ってしまうこともあります。**雑誌はいずれ捨てられる運命にあるので、汚したり、破ったりしても惜しげがないという点が練習用には最適です。

雑誌の活用法をついでに言えば、私は新しい著者や本を探すヒントに雑誌をよく使います。雑誌を見ていて、「ああ、こんな人がいるんだ」と新しい著者に気づいたり、「料理界ではこんな人が活躍しているんだ」、と未知の世界のことを知ったりします。

書店で本を探すときは、だいたい自分が知っている著者を中心に見ていきますが、雑誌ではいろいろな方向から〝情報の矢〟が飛んで来るので、新しい世界を知るチャンスがあります。

その意味では銀行や医院で順番を待っているときに読む雑誌は、努めて自分が全然読んだことがない女性誌や児童書、趣味の雑誌などを手に取ると面白いと思います。

10 難しい本を読むには抽象用語や概念に慣れる

漢字力、熟語力、単語力が「速読・多読」には不可欠

やさしい本ならスラスラ読めるが、抽象的な本や難しい本になると、まったくダメという人がいます。「速読・多読塾」では、本を速く、たくさん読むことが目的ではなく、高度な理解力をつけることがゴールですから、抽象的な本も読みこなしていかなければなりません。

子どもにやや難しい本を音読させてみると、漢字や難しい語句でつっかえたり、しょっちゅう言い間違いをすることに気づきます。音読の段階でつっかえるということは、黙読しているときもかなりつっかかっているということです。これでは「速読・多読」ができません。

漢字が読めないと「これはなんと読むのだろう?」と、そこで集中が途切れてしま

いますし、未知の単語や言い回しが出てくると、思考がストップしてしまいます。しかし読み方や意味がわかっていれば、スラスラ読めて、内容もスッと入ってきます。**つまり難しい本を読むには、漢字力、熟語力、単語力が「速読・多読」には不可欠と言えます。**

やっかいなのは、重要なキーワードに漢字が多いという点です。キーワードは抽象的な概念のことが多く、本来、大和言葉にはあまりないものです。したがって、中国の漢語を援用したり、日本語として造語してしまうこともあります。「哲学」や「社交」という言葉も、元は造語としてつくられたものです。

抽象用語に慣れる方法

「速読・多読」するには、こうした言葉に慣れておく必要があります。ありがたいことに知的な活動に使われる漢字や造語は、ある程度限られています。「抹茶」や「瓢箪」を読めなくても困りませんが、「恣意的」「体系的」「転移」「相互作用」「現存している」といった単語は、読めて意味も知らなくてはいけません。

これらの単語は、ある種の知的活動にとって必要な〝道具〟ですから、そういう思考の道具に慣れておくことが、とくに抽象的な概念が書かれた本を読む上では重要なポイントになります。自分は『知能テストの成績はいいのに、浅田彰の『構造と力』(勁草書房)が全然わからない』と、かつて言っていた人がいました。これは、頭が悪いのではなく、使われている用語に対する理解、慣れがないということです。要するにゲームのルールを知らずに、エントリーしている状態です。

この弱点をクリアするには、学問の大家が書いた基礎的な本を読むことをおすすめします。**頭がいい人が書いた本は、抽象用語がこなれた形で出てくるので、まずはそうした著名な人のやさしい本から練習するのが順当です。**

また、自分でも抽象用語を使ってみるといいでしょう。日常の語彙はどうしても限られてしまうので、なるべく書き言葉で話すように心がけていきます。私は小学生対象の塾で、ドラえもんの会話に抽象用語を混ぜるように指導したことがあります。たとえば「スネオはいつも他者の視線を過剰に意識する上に自己中心的だ」とか「のび太くんは意志薄弱で、他者に依存する傾向が強すぎる」というように抽象用語を入れて、言い換えていくのです。

「相互作用」とか、「アイデンティティ」「恣意的」などという抽象用語をふだんから使い、自分の言葉にしてしまうと、読むときにも吸収が速くなります。自分が使い慣れている言葉なら、とっつきやすいし、理解もしやすいでしょう。そして自分が得意な抽象用語をどんどん増やしていくことが、「速読・多読」をパワーアップさせ、理解力をあげていくのに役立ちます。

抽象用語の語彙を増やすという意味では、翻訳物もおすすめです。翻訳文には抽象用語や造語がたくさん出てきます。「内在的動機があろう」とか「逆説的事態にぶつかることになる」とか「この芸術作品の真に魔術的な働きは」といった翻訳語は、うっとうしいものですが、トレーニングには効果があります。

日本人の作家ばかり読んでいると、基本が大和言葉ですから、抽象用語が増えない可能性があります。ちょうど音楽でいえば、耳ざわりのいいJポップばかり聴いていて、海外のロックは聴かないのと似ています。レベルの高いロックは海外にあります。やはり最先端のものは聴いておいたほうがいいでしょう。本でも日本人の書いたものが半分を超えるのは、バランスが悪いのではないでしょうか。

海外文学や海外の思想家が書いたものの翻訳の中には、たしかに読みにくいものがあります。しかし翻訳文の一種のゴツゴツ感に慣れてくると、たいていのものは読め

るようになります。ミシェル・フーコーが書いた『監獄の誕生』（田村俶訳・新潮社）などは、ひじょうに難しい本ですが、とんちんかんなことが書いてあるのではなく、きちんと読めば、素晴らしいことを言っています。

翻訳者の中には、ひじょうにまどろっこしい日本語でネチネチと訳す人もいます。私も苦手ですが、それを一種の頭の筋肉トレーニングに使ってしまえばいいでしょう。要するに硬いものが食べられれば、柔らかいものは簡単に食べられるということです。

いざ、速読の実践に向かうみなさんへ

言葉の〝ブラウン運動〟を起こそう

「速読・多読」の目的は、同時並行で10冊の本を手にしても、30分後にはその10冊のそれぞれについて、あたかも1冊丸ごと読んだかのようにオリジナリティを持って解説できることです。完璧に読んでいなくてもかまいません。「読んだかのように」語れればいいのです。

10冊を30分で語ることなどできない、と思ってはいけません。「速読・多読」のもっとも基本にある精神は「およそ人の言うことで、わからないことはない」ということです。私は人間の書いているもので、わからないことはあり得ないという強い信念を持っています。この確信が重要なのではないかと思います。

それは外国のものや、古いものを読むとわかります。時代を超え、人種・民族を超え、国を超えて、人間は人の言っていることが理解できる生き物です。だからこそ、私たちは会ったこともない古代ギリシャのプラトンやソクラテスの言っていることが理解できるのです。

その確信こそが読書のスピードをあげてくれます。不信感を持ってしまったら、理解する力が鈍ります。しかしたとえ3分しか時間がなくても、「人の書いたものならわかるのだ」という確信があれば、何かをつかみとってくることができます。

この塾ではAレベルの理解力を得ることを最終目標にしてきました。けっして情報を摂取するのが目的ではありません。本は完璧に読む必要はなく、情報は欠けていてもかまわないというのがこの塾のスタンスです。

情報の完璧さより大切なのは考える力です。何かと何かを関連づけ、自分の経験とすりあわせてオリジナルの何かを考える、あるいはアイデアを出せることが重要だと思っています。

そのためにはいろいろな問題を並行的に置いて、考え続ける習慣が必要です。本の同時多読主義というのは、アンテナを何本も立てているのと同じです。それに引っかかった事柄を「考える」という作業に移していくわけです。すると、思わぬアンテナ同士がつなぎあって、つないだところからアイデアが生まれます。

本を読んでいない人は考える時間の集中力が短く、すぐに気が散ってしまいます。アイデアが出る人は、考えつづけられる人です。仕事ができるようになるには、世の中に対するアンテナがたくさんあって、高いほど有利です。そこから新しいアイデアがわいてくるからです。

「考える」ということは、基本的には頭の中で、自分の内側の言語でやるものですから、頭の中でつねに言葉が乱舞し、鳴り響いている状態になっていなければなりません。思考の道具である言葉が〝ブラウン運動〟（粒子が不規則に絶え間なく動いている状態）のように、ずっと動いていないといけないわけです。

速読・多読はこの「言葉のブラウン運動」を誘発します。つねに多くの本を、脳を高速回転させて読んでいくので、頭の中を言葉が乱舞します。言葉の粒子がぶつかりあう速度が高いほど、何か刺激を与えたときに、熱が高まり、化学反応が起きます。つまり新しいアイデアや考えが生まれます。しかし本を読まなければ、言葉が動きません。言葉が停止した状態は絶対零度の世界。そこからは何も生まれません。

本は著者が自分のためだけに時間をさいてくれること

私が本を素晴らしいと思うのは、著者が自分のためだけに時間をさいて、丁寧に解説してくれているからです。アリストテレスやドストエフスキーを家庭教師に雇おうと思ったら、お金をいくら積んでも不可能です。

第一、時空を超え、その人のところに行かなければ、到底話を聞くことができません。それが本という形にまとまって、目の前にあります。

しかも**本はそうした著名な人が最高の集中力をもって、言い間違えもなく、構成も整理されてまとまった状態で提示してくれているものです**。そんな機会はめったにあるものではありません。

いまでこそ、印刷技術が発達しているので、本は大量に頒布されていますが、もしもそれが1冊しかなかったらどうでしょうか。値段がつけられないくらい貴重なものになるでしょう。世阿弥の『風姿花伝』のように、一族の繁栄のすべての鍵を握るものすごい存在になってしまいます。

しかし幸いにして、私たちは安価な値段で、どこでも本を手に入れることができます。しかも本の場合は、一度聞いてわからないところを、「えっ？　いま何て言いました？」と聞きなおせます。ライブではとても言えないことが、本では言えてしまいます。気が向いたら飛ばしてしまって、先に進むこともできます。

このように考えると、本はこの上ない便利な先生です。書店に行くと、ありとあらゆる時代、国、分野の名だたる先生がたが、私たちを待っていてくれます。考えただけでワクワクします。こんな素晴らしい出会いをなぜ有効に使わないのでしょうか。

1人でも多くの先生と出会い、先生の主張のいちばん優れたところを教えてもらい、自分のアイデアに生かして、新しい価値を生み出す。「速読・多読」はそのために役に立つ技術です。

文庫版あとがき

「本を速くたくさん読みたい」

この欲求は、きわめて健全なものだ。向上心の端的な表れであり、こんな欲求をすべての学生に持ってもらいたいとも思う。

しかし一方で、思考の深さにつながるとは思えない速読法に対しては、違和感を持ってしまう。

思考の深さは、多読と矛盾はしない。たくさん本を読めば読むほど、多角的かつ深い考え方ができるようになる。しかし、その多読の基本には、一冊の本をきちんと理解する力がなければ意味がない。

時間を十分もらっても読解ができていない人が、パラパラめくって多少の要約ができたとしてもさして意味がない。

読みながら著者の内側に入りこみ、その心情と論理の根をつかむ。そして、自らに戻り、質問やコメントを用意する。

客観的な読みと主観的な読みの両輪を高速に回転させながら著者と対話するワザ。このワザを意識しながら、本書をお読み頂きたい。

私は、心や人格にかかわることのない「情報を得るための読書」には興味がない。というより、嫌いだ。学問の本でも、ミステリーでも、心が引きよせられ動く、そんな読書が好きだ。速読・多読ができれば、そんな「心の動く本」に出会える機会も増える。

「からだごと読んでいる」、そんな感覚をぜひめざしてほしい。

「読書によって心は豊かな森となる」。この確信をぜひとも共有したい。

二〇一〇年一月

齋藤　孝

解説　読書という名の権威にひれ伏すな

水道橋博士

「なぜ齋藤孝はこんなに良い本を書くのか」——

と、まず第一行を書いてみる。

今、この解説から読んだ人は、このヨイショ丸出しの書き出しに水道橋博士は、どれだけ太鼓持ち芸人なのだと苦々しく思うかもしれない。あるいは「いきなりニーチェの本のタイトルのパロディか！」と気がつく賢人もいるだろう。そう『なぜわたしはこんなに良い本を書くのか』は、ニーチェの『この人を見よ！』の目次の一節なのである。

僕自身、この一節を、この『齋藤孝の速読塾』を読んで初めて知った。このフレーズを読んだ時、即座に僕のルーペはズームアップ、「こんなの自分で言うことか！」と声に出して突っ込み、この一節に三色ボールペンで赤線を引いていた。

そして、今、この解説文の冒頭に使用したのである。しかも、原書は一度も読んでもいないのに……。実はこれでいいのだ。この本を読む前なら、仮にもちくま文庫の解説文に一度も読んだことの無い哲人の本の一節を孫引きするには躊躇や遠慮もあっただろうが、この齋藤先生の本は、まさに、本で得られた付け焼刃の知識の受け売りさえも大いに奨励しているのである。

つまり、この本は読書とは精読したり、感銘を受けたり、体系的な知識を得るための方法だけではないことを明示している。逆に言えば、読書とは精読すれば、感銘を受け、体系的な知識を得られる方法でもあると信奉されているからこそ、読書という名の強いられた勉強、その堅苦しさ、その権威に読者はひれ伏してはならないとも言っている。

そのような反教養的なことを教養主義者である明治大学の文学部の教授であられる齋藤先生が、かく語りきなのだ。

さて、僕が齋藤先生を知ったのは、二〇〇一年に大ベストセラーとなった『声に出して読みたい日本語』（草思社）からだ。

その後の先生のハイペースで広角なジャンルの多作ぶりには驚いた。

いや、はっきり言えば、出版界の寵児でありながら、〝中谷彰宏スパイラル〟の人かと長く思っていた。

（ちなみに説明しておくと中谷彰宏氏は、毎月五〜六冊ペースで本を書き、一年間で六〇冊の本を書き、二〇年間で八〇〇冊を書き続けた元・〝面接の達人〟なのだが、この勢いで本を出せば出すほど、本の中身と人間性が薄いと酷評され続けた。実際、面接すれば本の印象よりずっと人間味も厚いハンサムマンなのだ。）

その印象が変わったのは、僕の著書である『博士の異常な健康』が、齋藤先生がAERA誌で連載される「声に出したい一文」の中で取り上げられた時である。短い書評コラムではあるが、実は（テレビに比べれば）長い時間をかけて一冊の本を書き終えた僕が取り上げられたい、評論されたい、最もコアな部分を抽出され、その引用は、「よくぞその部分に気がついてくれた」という内容だったのである。つまりはツボをつかれたというわけだ。

この感覚は本を著し、その評を待つものなら、誰もが納得して頂けるだろう。

（その後、『博士の異常な健康』が幻冬舎で文庫化される時には、解説を書いて頂き、僕の推奨する健康法そのものの信奉者であることもわかった、さらに後付けではあるが、子育て中の僕は、今、齋藤先生の様々な教育メソッドの信奉者でもある。）

そうなると、何故に、この先生は、これほどのペースで本が書き続けられ、しかも、どれほどのペースで、その下敷きとなるであろう本を読み続けているのか、俄然、興味も湧いてくるのである。

ちなみに、僕自身は、芸名からも読書家と思われがちだが、まったくの遅読、しかも、読みたい気持ちはヤマヤマながら遅々として読めないことを嘆き、速読法そのものにも関心があったので、必然的に、僕がテレビの現場で出会う読書の達人の技法には、日頃から注目していたのだ。

最も典型的な例を挙げよう。それは、テレビ番組での共演も長い評論家の宮崎哲弥氏だ。

なにしろ、出会った頃の宮崎哲弥氏は、読破する書物が「月間二〇〇冊」であった。当時、『週刊文春』に連載していた「ミヤザキ学習帳」のため、週に一〇冊のノルマで月間四〇冊、そして、月刊の『諸君！』に連載していた「「今月の新書」完全読破」では、毎月二〇日までに出版される各社の新書、その全てを漏らさず読破。こちらが、最低月五〇冊。平均で計一〇〇冊。しかも、これが、定期的な連載用の基礎的な資料読みであり、その他の評論活動のためには、さらに多岐にわたるジャンルの本を読み、加えて自分の趣味のためにも読むから、「月間二〇〇冊は最低でも読んでいるだろう」とのことなのだ。それどころか漫画おたくであることから主要な漫画雑誌の連載は少年漫画から青年誌、果ては少女マンガまで抑え、ざっと計算しても、一日、二四時間でノルマ七冊を読破していたのである。「それだけ本を読んでいて、よく煮詰まりませんね、気分転換とかしないんですか?」と聞くと、「気分転換は、本を音読するんだよ」と、〝声に出して読みたい日本語〟を単なる気晴らしに実践したようだ。

当然、宮崎さんから、その技術を盗もう、聞き出そうと何度も試みたのだが、いつも「俺の場合、速読法なんかじゃないよ」と謙遜するだけで、結局のところ、その秘技はわからずじまい、よもやその名の通り、宮崎〝徹夜〟なんて単純なものでもあるまい。

しかし、この本、『齋藤孝の速読塾』を読んでいて、今回、完全に謎がとけたのだ。なにしろ、この本の中では、二割読んで八割理解する「二割読書法」が堂々と推奨され、また右ページだけ読んでも全体像が把握できる、などと言ってのけているのだ。

その論拠も「本を読めば読むほど、周辺の知識がいろいろ積み重なって補強され、文脈上、間違いが起きないようチェックができるからです」と書かれている。

宮崎さんを見ていれば、それもさもありなんなのである。

さらに驚いたのは、齋藤先生が、二〇〇三年の芥川賞受賞作の『蛇にピアス』『蹴りたい背中』の二冊について新聞社、出版社からコメントを求められると、「一時間半後に電話をくれ」と言い残し、そのまま本を買い、一時間で読み終え、公に評論をするというエピソードも披露されている。

仮にも文学部の大学教授である。こんな姿勢が許されるのか、齋藤先生が本を読んでいる、その背中を蹴りたくなるほどだろう。

しかし、本文に、この行為の正しさ、秘訣は語られている。

このくだりを読んでいて、僕にも、これに似たような経験が師匠・ビートたけしのなかにあるのを思い出した。

それは、二〇年程も前の話、北野武監督として、三作目『あの夏、いちばん静かな海。』を撮り終えた頃である。

ある日、殿の部屋を訪ねた際、丁度、ビデオで映画鑑賞中であった。

何を見ているのだろう？　と気になって眺めていると、ケビン・コスナー監督・主演のアカデミー賞作品賞『ダンス・ウィズ・ウルブズ』を見ていたのだが、問題なのは、その視聴方法。なんとリモコンを片手に平気で七倍速で再生していたのである。僕の目の前で、ダコタの大自然のなかを、三〇〇〇頭のバッファローが超高速で駆け抜けていった。僕にとっては映画以上に、かなり衝撃的なシーンであった。

その後、当時、殿が映画評を連載していた『テーミス』の文章を読むと、「アメリカの風景の力とインディアンに対する政治的配慮が賞を与えた」などと実に的確な映画評が語られていて、さらに唖然とした。仮にもアカデミー賞受賞作である。七倍速の流し見しての批評はないだろうと思ったのだ。そして、今、この話を聞いて、この殿の行為に意見を持つシネフィルも多いだろう。

この話は、僕が、殿本人が映画という概念や権威にひれ伏すことなく、アカデミー賞作品ですら決して自分の気分や感性よりも上位に置かない姿勢に驚かされたことの一例であって、流し見、速読の是非を決する話ではないのだが、読書を神聖に思わず、精読にとらわれず、速読でかまわないという、本書における読書概念はもとより、七倍速の映画鑑賞でさえも、知識獲得や価値判断のための、一つの立派な技法であることを思い知らされたのだ。
そんなわけで、解説にもかかわらず、自分にまつわる話ばかりを書いた。
それには一つの理由がある。
何故なら、僕はこの本を二割しか読んでいないのだ。
残りの八割はあなたに読んで欲しい。
そして、読み終えた、あなたにこそ、声に出して呟いて欲しい。
「なぜ齋藤孝はこんなに良い本を書くのか」――

（芸人）

本を選ぶためのブックガイド・リスト

■雑誌

『ダ・ヴィンチ』（月刊誌・メディアファクトリー）

『本の雑誌』（月刊誌・本の雑誌社）

■全般

『ダ・ヴィンチ読者7万人が選んだこの一冊
――なんでもブックランキング106本勝負』

（メディアファクトリー）ダ・ヴィンチ編集部

『ダ・ヴィンチ』連載「なんでもランキング」と特集「ブック・オブ・ザ・イヤー」を1冊にまとめたもの。7万5486人に上る読者の口コミランキングを106編紹介しており、評論家でなく、一般の人々に人気の本がよくわかる。

『本屋大賞2009　本の雑誌増刊』

（本の雑誌社）本の雑誌編集部

2004年から始まった、全国の書店員による「いちばん！売りたい本」の投票で選ばれる「本屋大賞」の本。1ポイントでも獲得した本は掲載されており、それぞれ「なぜその本を売りたいか」という書店員の言葉もある。他に「埋もれているがもっと売りたい」と選んだ「発掘本」も収録されている。本の現

場をもっともよく知る書店員によるブックガイドとして、楽しめる。

『最高の本！ 2010　Book of The Year』
（マガジンハウス）ダカーポ特別編集

2009年に刊行された文芸・ミステリー・ノンフィクション・時代小説……あらゆるジャンルの本を、その道のプロが徹底的にセレクトして論評。新聞・雑誌の書評担当者が選んだ〝最高の本〟ランキング。他にも、ジャンル別ベスト10、書店員が選んだベスト5、旬の話題の5テーマ50冊などがあり、必ず読んでおきたい本、読むべき本がわかる。

『東大教師が新入生にすすめる本』
（文春新書）文藝春秋編

あの東大では、新入生にこんな本をすすめていた！　東大教師が、新入生にすすめる本のアンケート（毎年4月雑誌『UP』〈東京大学出版会〉に掲載された）を再構成して1冊にしたもの。それぞれの専門分野の本もあるが、それ以外にも印象に残っている本があり、楽しめる。1994年から2003年までの10年間、180人の執筆者が選んだ約1500冊が収録されている。

『教養のためのブックガイド』
（東京大学出版会）小林康夫・山本泰

「教養」という言葉を軸にして、大学の教師が厳選したブックガイド。東京大学教養学部教養教育開発室による教材開発事業の一環として編集された。教養をめぐるエッセイや座談会もあり。370冊の本は、それぞれの教師の文章の中で丁寧に解説されている。

『本の本』
（筑摩書房）斎藤美奈子

『妊娠小説』でデビュー以来、膨大な本の山と格闘し続けた戦いの記録とも言える本書は、書評家・斎藤美奈子の「初の」書評集である。「ときには伝道者の気分でその魅力を喧伝し、ときには著者になりかわってその意義を力説し、ときには読者の立場でちょっとした苦言や要望を呈」した書評の数々は、圧巻。こんな本だとは知らなかった、こんな本があるとは知らなかった、などたくさんの発見があること間違いなし。

『高校生のための文章読本』
（筑摩書房）梅田卓夫・清水良典・服部左右一・松川由博

「自分の心を自分の言葉で語る」ということを願って、高校生のために編集された文章読本。小説、

エッセイ、評論、詩など70冊から、短文読みきり形式でまとめたアンソロジー。

『とれたて！　ベストセレクション　12歳からの読書案内』
（すばる舎）金原瑞人

法政大学教授で翻訳家、そして、金原ひとみの父親でもある監修者が中心となって、中学・高校生たちのために選んだYA本。原則として発売10年以内の、若々しい新鮮な本がギッシリ詰まっている。金城一紀・恩田陸・宮部みゆきなどYA文学の有名どころを押さえつつ、ベストセラー、ライトノベル、ホラー、絵本、詩、ノンフィクションまでも網羅している。

『ぼくが読んだ面白い本・ダメな本　そしてぼくの大量読書術・驚異の速読術』
（文春文庫）立花隆

『週刊文春』連載の「私の読書日記」1995〜2000年までをまとめたもの。読書家としても知られるジャーナリストの著者が、少年時代の読書遍歴から、本の収納法、実践的な読書の仕方、速読術まで公開している。どう勉強したらいいか迷っている人たちのための手引きとなれば、という著者の気持ちが伝わる。

v

■学問

『学問がわかる500冊』（朝日新聞社）

『学問がわかる500冊〈Volume 2〉』

1は、哲学／経済学／社会学／国際関係学／法律学／社会福祉学／宗教学／教育学／心理学／政治学。

2は、歴史学／考古学／民俗学／人類学／地理学／建築学／環境学／農学／生物学／生命科学。

それぞれ10分野の学問について代表的な本を50冊ずつ、計500冊の入門書を紹介したもの。「アエラムック」の学問がわかるシリーズをもとに、新たにまとめられた。コメントは、分野ごとの専門家（学者）が担当している。まったく勝手がわからない分野のことを知りたいときに便利。

■文学

『百年の誤読』

（ちくま文庫）豊﨑由美・岡野宏文

20世紀の100年間に日本の文学で話題となったベストセラーを、辛口評論家2人が対談形式で批評する。定説とは関係なく「つまらない！」「胡散臭い！」とずばり、言い切るところが気持ちいい。10年毎に区切って10冊ずつ取り上げてあるので、時代の変遷もよくわかる。

『どれだけ読めば、気がすむの？』

(アスペクト) 豊崎由美

純文学からエンタメ、前衛、ミステリ、SF、ファンタジーなど、様々なジャンルの小説341作品を取り上げた1冊。辛口の著者が本当に面白いと思った小説ばかりを集めており、思わず読みたくなる気にさせる。

■エンターテインメント

『読むのが怖い! 2000年代のエンタメ本200冊徹底ガイド』

(ロッキング・オン) 北上次郎・大森望

SF、青春小説、ライトノベル、歴史小説などのエンターテインメント系小説を、編集部が3冊、北上次郎が3冊、大森望が3冊作品を持ち寄り、それについて2人が語るという形式。各年の年間ベスト5をそれぞれ作成し、それについても話している。2000年代のエンタメ本200冊以上を知ることができる1冊。

■ミステリー

『このミステリーがすごい! 2010年版』

(宝島社) このミステリーがすごい!編集部

ランキングはもちろん、堺雅人さんのインタビュー、ミステリー好きの著名人によるおススメミステリー、さらに、ベストセラー作家・海堂尊、ドラマ「相棒」のスピンオフ小説でおなじみのハセベバク

シンオー、若者に絶大な支持を受ける山下貴光、3名による短編ミステリーも掲載。50名以上の人気作家による特別エッセイもあり、内容盛りだくさん。

『ミステリが読みたい！〈2010年〉』
（早川書房）ミステリマガジン編集部

ミステリーの真のプロが4つの基準で格付けする、まったく新しいベスト・ミステリ・ガイド。4つの基準とは、ストーリー（物語の面白さ）、サプライズ（トリックも含む）、キャラクター（登場人物の魅力）、ナラティヴ（文体、語り口）。これを基準に、信頼できるミステリーの読み手たちに評価してもらい、海外/国内それぞれ総合点数上位100冊を、50音順に紹介している。また、〈海外ミステリ・オールタイム・ベスト100アンケート〉もあり、ミステリー初心者には便利。

■SF

『現代SF1500冊 乱闘編 1975—1995』
『現代SF1500冊 回天編 1996—2005』
（太田出版）大森望

SF小説の第一人者である著者が、2冊あわせて30年間のSF小説批評をまとめたもの。「乱闘編」は、1975年から1995年まで約700冊、「回天編」は、1996年から2005年まで約1000冊。実は合計1700冊を収録。

これで30年のSF史のすべてがわかる。特に「回天編」の10年は、日本のSF出版本の95％以上をカバーしているのでは、という充実ぶり。付録として、この30年のベストSF50冊と、SF出版年表を収録。

■科学

『科学を読む愉しみ—現代科学を知るためのブックガイド』

（新書ｙ）池内了

国際的宇宙物理学者である著者が、物理、数学、生物、エネルギー、ゲノムからIT、建築までの最先端科学を読み解くための170冊を紹介。日頃から知りたいと思っていた謎に挑戦した力作、思いもかけぬ展開が予期されるような話題作、そして歴史や文学や民俗など幅広い文化の領域に広がっていくような本を選んでおり、あまり科学になじみのない読者にもおすすめ。

■心理学

『ブックガイド〈心の科学〉を読む』

（岩波科学ライブラリー（105））岩波書店編集部

心の科学には、哲学、心理学、言語学、情報科学、神経科学など、さまざまな分野がある。黒崎政男氏ら10人の読み手が、新しい領域を切り拓いた記念碑的な本や、斬新なアイデアで衝撃を与えてくれる本、

少し見方を変えると意外なところで〝心の科学〟とつながる本など、それぞれのおすすめの本を語る。

■数学

『この数学書がおもしろい』

（数学書房）数学書房編集部

「この数学書がおもしろい」「こんな数学書を読んでほしい」「こんな数学書がほしい」というテーマで、数学者、物理学者、工学者、経済学者など41人が、本との出会い、本の読み方など交えながら、選んだおもしろい数学書。一般の人も読める本も多数あり。

■古典

『日本古典読本』

（筑摩書房）秋山虔・桑名靖治・鈴木日出男

「万葉集」から「怪談牡丹灯籠」まで、名作・異色作百余編から、そのエッセンスを精選。正確な語注、作者・作品解説、鑑賞の手引、また、別冊に現代語訳もあり。

■文庫

『おすすめ文庫王国〈2009年度版〉』

（本の雑誌社）本の雑誌増刊 本の雑誌編集部

「本の雑誌が選ぶ文庫ベストテン」をはじめ、読者が選ぶ文庫ベスト1、執筆陣が読者におすすめす

るジャンル別・テーマ別文庫リストや、佐藤多佳子の「私の文庫オールタイムベストテン」、坪内祐三の「年間文庫番」、書店員の「年間文庫売上げBest100」対談など、充実の内容。

■コミック

『このマンガがすごい！2010』
（宝島社）このマンガがすごい！ 編集部

オトコ編、オンナ編 に分かれており、それぞれの「いま、どうしても読んでほしいすごいマンガのベスト10」がある。ランキング1位作品の漫画家インタビューや、栗山千明、椿姫彩菜、中村優一、堀江貴文、清涼院流水、ほか100人を超す各界のマンガ読みからのコメントなどの、多彩な企画もある。

『ダ・ヴィンチ 殿堂入りコミックランキング150 マンガ史50年が生んだ名作はこれだ！』
（メディアファクトリー）ダ・ヴィンチ編集部

日本が世界に誇るマンガ史50年を振り返る、永久保存版ランキング。ダ・ヴィンチ読者、書店員、読者など808人のアンケートから作成した、マンガ史50年を通観するランキング。総合ランキングのほか、60年代、70年代、80年代、90年代、2000年代の年代別ランキングも集計。井上雄彦、椎名軽穂、中村光ほかインタビューも多数収録。

編集協力　辻由美子

本書は二〇〇六年十月、筑摩書房より刊行された。

ちくま文庫

齋藤孝《さいとうたかし》の速読塾《そくどくじゅく》　これで頭《あたま》がグングンよくなる！

二〇一〇年四月十日　第一刷発行
二〇一五年二月五日　第五刷発行

著　者　齋藤孝（さいとう・たかし）
発行者　熊沢敏之
発行所　株式会社　筑摩書房
東京都台東区蔵前二―五―三　〒一一一―八七五五
振替〇〇一六〇―八―四一二三

装幀者　安野光雅
印刷所　中央精版印刷株式会社
製本所　中央精版印刷株式会社

乱丁・落丁本の場合は、左記宛にご送付下さい。
送料小社負担でお取り替えいたします。
ご注文・お問い合わせも左記へお願いします。
筑摩書房サービスセンター
埼玉県さいたま市北区櫛引町二―六〇四　〒三三一―八五〇七
電話番号　〇四八―六五一―〇〇五三

ISBN978-4-480-42697-0 C0195